Ich habe gehört,
wie die Sonne geredet hat,
als sie unterging,
groß und rot.

Da hat sie gerufen:
Mond! Komm! Es ist Zeit!

Und dann kam der Mond,
silbern, zwischen den Wolken,
und sagte: Ich bin schon da!

Ich habe gehört,
als der Mond am Himmel stand,
wie er leise gesagt hat:
Sonne, du mußt bald kommen.
Es will bald wieder Tag werden.
Und die Erde möchte dich sehen.
Denn es ist schön auf der Erde,
wenn sie dein Licht hat.

Die Nacht war wie ein Haus,
in dem die Sonne schlief.
Und als sie aufwachte,
kam sie aus der Tür,
streckte sich und sagte:
Guten Morgen!

Und dann kam sie,
groß und hell, über die Dächer
und machte,
daß man die Häuser
und die Bäume
wieder sehen konnte.

Sie fing an zu laufen
und lief über den ganzen Himmel
und schaute in alle Häuser,
und als wir beim Mittagessen saßen,
war sie ganz hoch oben.

Am Abend ging sie wieder
in ihr Haus.
Und ehe sie die Vorhänge zuzog
und den Laden herunterließ,
rief sie durchs Fenster:
Mond! Komm, es ist Zeit.

Der Mond und die Sonne reden mit dir,
Vater im Himmel,
wie wir es auch tun.
Und es ist schön,
daß du dich freust an dem,
was wir dir sagen.

Auch wenn es Sie erstaunt:
Das ist ein Psalm aus der Bibel,
wie Sie ihn Ihrem Kind erzählen können.
Der neunzehnte.

Und der Morgen und der Abend
und die Zeiten des Jahres
haben uns noch mehr zu erzählen
an Geschichten und Liedern und Gebeten,
an denen beide sich freuen können,
die Großen und die Kleinen.
Es gehört ein wenig Phantasie dazu.
Und Phantasie hat immer am meisten der,
der liebt.

Heidi und Jörg Zink

Wie Sonne und Mond einander rufen

Gespräche und Gebete mit Kindern

Mit Bildern von Hans Deininger

Kreuz Verlag

4. Auflage (56. – 65. Tausend) 1985
© Kreuz Verlag Stuttgart 1980
Gestaltung: Hans Hug
Reproduktionen: W. Gölz, Ludwigsburg
Gesamtherstellung: W. Röck, Weinsberg
ISBN 3 7831 0603 6

Inhalt

Dazwischen finden Sie Abschnitte,
in denen wir mit Ihnen
über das Beten mit Kindern
nachdenken möchten:

Ein Traumliedchen

Ein Kind ist ein Geheimnis. Ein Rätsel von Gott. Auch eine Mutter oder ein Vater, die sich ihrem Kind nah verbunden fühlen, wissen nicht, wer es eigentlich ist. Sie wissen nicht, was es mitbringt, was es empfindet, was es erwartet. Sie wissen nicht, was für ein Leben, was für ein Schicksal vor ihm liegt. Und bis das Kind selbst weiß, wer es ist, bis es ahnt, was es mit seinem Leben anfangen soll, werden noch viele Jahre vergehen. Sie, die Eltern, können es ihm nicht sagen. Sie können ihm nur helfen, zu finden, was es sucht, und dem näherzukommen, was ihm bestimmt ist.

Aber eins können Sie ihm zeigen: Du, mein Kind, kommst nicht durch Zufall auf diese Welt, und es ist nicht gleichgültig, ob es dich gibt oder nicht. Und wenn ich dir auch nicht sagen kann, wohin dein Weg führt, eins will ich dir erzählen: Du kommst aus einer Liebesgeschichte.

Dein Urgroßvater und deine Urgroßmutter liebten einander, und darum kam deine Großmutter auf die Welt. Zwischen deiner Großmutter und deinem Großvater gab es eine Liebesgeschichte. Und deshalb ist dein Vater auf die Welt gekommen. Dein Vater und deine Mutter erlebten eine Liebesgeschichte miteinander, und darum bist du da.

Eines Tages ging deine Mutter spazieren, da sah sie einen schönen jungen Mann. Und der junge Mann blieb stehen und sah das Mädchen an, das später deine Mutter wurde. Und dann liebten sie einander und verstanden einander und wollten zusammengehören. Aber das war gar nicht so einfach.

Und erst, als alle Schwierigkeiten überwunden waren, konnten sie wirklich zusammengehören. Sie heirateten. Das war ein großes Fest. Die Mutter hatte ein weißes Kleid an und der Vater einen schwarzen Anzug, und es gab viele bunte Blumen. Und ein Pfarrer sagte ihnen etwas über das Lieben und über das Zusammenstehen. Dann segnete er sie und sagte ihnen damit: Gott will bei euch sein und euch glücklich machen und – vielleicht – euch auch ein Kind schenken oder mehrere. Und dann schenkte ihnen Gott tatsächlich ein Kind. Das bist du.

Ich weiß nicht, ob wir uns darüber im klaren sind, wie entscheidend wichtig für ein Kind dieser Gedanke sein oder werden kann, daß es aus einer Liebesgeschichte kommt. Eine unserer Töchter, zweijährig, saß auf dem Fußboden und spielte mit zwei Kleiderbürsten. Schließlich drückte sie die beiden mit ihrer weichen Borstenseite ineinander, strahlte und rief: Die mögen sich! Und drückte die beiden Bürsten überglücklich an sich.

Wenn Sie Ihrem Kind sagen: Du kommst aus einer Liebesgeschichte, dann drücken Sie damit freilich noch mehr aus. Denn wir alle kommen ja weiter her als nur aus der Kette unserer Vorfahren. Im Grunde reicht das Geheimnis eines Menschen zurück in den Uranfang der Welt.

Wenn Sie das Evangelium lesen, dann finden Sie dort eine andere Art Liebesgeschichte, nämlich die zwischen Gott und uns Menschen. Die erzählt jener große Liebende, der von Gott kam und die Menschen suchte, der ihnen ihre Lasten abnahm, ihre Leiden heilte, ihren Hunger nach Sinn und Erfüllung stillte und der in die Lebens- und Leidensgeschichte der Menschen hinabstieg, um ihnen die Liebe Gottes sichtbar und spürbar zu machen: Jesus Christus.

Sie kommen dieser Liebesgeschichte auch auf die Spur, wenn Sie die Lieder lesen, die viele Jahrhunderte vor Jesus Christus geschrieben wurden. Da staunt einer der Psalmendichter: Wie kann ich das verstehen? Derselbe Gott, der die Sterne gemacht hat und die Erde, wendet sich dem kleinen, wehrlosen Wesen Mensch zu und umgibt es mit seiner Nähe und Gegenwart. „Solche Erkenntnis ist mir zu wunderbar und zu hoch, ich kann sie nicht begreifen."

Wir haben das Staunen verlernt, wir Heutigen. Wir nehmen alles Wunderbare selbstverständlich hin. Aber es wäre gut für uns, wir fingen wieder an zu begreifen, daß unser Ursprung in dem unergründlichen Geheimnis einer Liebe liegt, die weit über unsere Welt und Zeit hinaus reicht. Wir könnten wieder besser verstehen, warum das Geheimnis des Liebens so tief in unserem ganzen Wesen und Suchen verwurzelt ist, so tief, daß ohne dieses Geheimnis kein Leben wäre.

Vielleicht erzählen Sie Ihrem Kind einmal die zauberhafte, zarte Geschichte von dem König Abendlust und seiner Königin, von der Rose und der Aprikose, in Christian Morgensterns „Traumliedchen":

Träum, Kindlein, träum,
im Garten stehn zwei Bäum'.

Der eine, der trägt Rosen,
der andre Aprikosen!

Da kommt der König Abendlust –
und steckt seiner Königin
eine Rose an die Brust.

Da reckt sich die Königin
mit ihrer Rose –
und pflückt dem Herrn König
eine Aprikose.

Der König bricht die Frucht
in zwei Stücke
und gibt eine Hälfte
der Frau Königin zurücke.

Drauf lassen sie beide sich's
trefflich munden.
Den Kern aber,
den sie darinnen gefunden,

den Aprikosenkern, klein und fein,
den pflanzen sie
in ein Beet hinein.

Und daß er es dort
recht artig hat,
umwickelt ihn Frau Königin
mit einem Rosenblatt,

mit einem Rosenblatt,
mit einem Rosenblatt,
auf daß es der Kern dort
recht lieblich hat.

Dort schlummert er lange,
dort schlummert er fest,
als wie ein Vöglein
in seinem Nest.

Träum, Kindlein, träum,
im Garten stehn zwei Bäum'.

Der eine, der trägt Rosen,
der andre Aprikosen!

Träum, Kindlein, träum . . .

Im Grunde ist in der Taufe Ihres Kindes das gleiche gesagt worden wie in dem kleinen Märchen vom Aprikosenkern: daß der Ursprung Ihres Kindes in jener großen Liebe liegt, mit der der schaffende Gott sich dem entstehenden Menschlein zugewandt hat, mit der er es weckt und bildet und dann für sein eigenes Leben freigibt. Und diese Liebe wird das Ziel sein, in das das Leben Ihres Kindes einmündet.

Wir wollen in diesem Buch nichts weiter tun, als diese beiden Liebesgeschichten gleichsam durchspielen. Von Tag zu Tag. Von einer Jahreszeit zur anderen. Von einem Fest zum nächsten.

Es ist dabei nicht so wichtig, daß Ihr Kind schon alles versteht, was Sie mit ihm sprechen oder was Sie mit ihm beten. Vieles hilft ihm und fördert es, was sein Verstand noch nicht faßt. Aber daß es eine Liebesgeschichte ist, die es mit Ihnen zusammen durchlebt, das ist nötig. Nötig zum Leben.

Ich will den Herrn rühmen,
alles, was in mir ist,
mein Herz und mein Geist,
soll ihn preisen.

Denn wie ein Vater sich
liebend kümmert um seine Kinder,
so wendet der Herr sich uns zu.

Denn er weiß,
was für schwache Geschöpfe wir sind,
er weiß, daß wir Staub sind.

Unser Leben ist ja wie Gras,
wir blühen
wie eine Blume auf dem Feld.

Wenn der Wind darüber streift,
schwindet sie, und niemand weiß mehr
die Stelle, an der sie blühte.

Gottes Liebe aber bleibt
über Zeiten hin und Ewigkeiten,
bei Kindern und Kindeskindern.

Er hat in der Höhe seinen Thron,
und sein Reich
umgreift die Welt.

Rühmt den Herrn,
ihr, seine Werke,
ihr Engel und Menschen.

Es preise ihn alles, was ist,
und auch du, meine Seele,
rühme den Herrn.

Nach Psalm 103

Ein Gang durch den Tag

*

Morgen

Vater im Himmel,
wir danken dir für die Ruhe der Nacht
und das Licht eines neuen Tages.
Wecke unser Herz,
mach unsere Sinne klar.

Gib uns Liebe für alle,
die uns heute begegnen.
Für die Menschen in unserem Haus
und für die Menschen draußen,
für alle, die deine Kinder sind.

Wir leben von deiner Liebe.
Hilf uns, deine Liebe weiterzugeben,
und gib uns einen guten Tag,
Vater im Himmel. Amen.

*

Vater im Himmel,
am Morgen dieses Tages
sprechen wir zu dir.
Du bist so anders als wir,
daß wir dich nicht sehen,
und so nah, daß wir ohne dich
keinen Tag leben können.

Wir möchten dir begegnen.
Wir möchten dich finden
im Licht dieses Tages,
in der Luft, die wir atmen,
in allem,
was du uns zum Leben gibst.

Wir leben davon, daß du da bist.
Wir danken dir,
daß du uns nahe bist,
wohin immer wir gehen,
Vater im Himmel. Amen.

Vater im Himmel,
wir bitten dich um deinen Schutz
für diesen neuen Tag.
Du bist über uns und um uns.

Du bist die Sonne.
Du bist der leuchtende Himmel.
Du bist Regen und Wind.
Du bist selbst der Weg
durch diesen Tag.

Behüte uns vor allem Übel.
Behüte die Menschen, die wir lieben,
von der Frühe dieses Morgens an
bis zur Ruhe der Nacht.
Wir danken dir, daß du da bist,
Vater im Himmel. Amen.

*

Erneure mich, o ewigs Licht,
und laß von deinem Angesicht
mein Herz und Seel mit deinem Schein
durchleuchtet und erfüllet sein.
Auf dich laß meine Sinne gehn.
Laß sie nach dem, was droben, stehn,
bis ich dich schau, o ewigs Licht,
von Angesicht zu Angesicht. Amen.

*

   In Peru beteten die Indianer
schon vor vielen hundert Jahren:

Die Morgenröte kleidet
sich in ihr Lichtgewand.
Sie will Ehre erweisen
dem Schöpfer der Menschen.

Der hohe Himmel
legt die Decke seiner Wolken
von sich. Er beugt sich
vor dem Schöpfer der Menschen.

Die Sonne,
die Königin unter den Sternen,
breitet ihre Strahlen aus
wie goldenes Haar.

Der Wind, der über die Erde geht,
streichelt auf seinem Wege
die Wipfel der Bäume,
und wir hören ihn reden
in den Zweigen

In den Bäumen singen die Vögel
und bringen ihr Lied dar
dem Herrn der Erde.
Die Blumen breiten
ihre Farben aus und ihren Duft.
Es ist herrlich, sie zu sehen.

So rühmt auch mein Herz
dich, meinen Vater,
bei jeder Morgenröte aufs neue,
du, mein Schöpfer. Amen.

Herr, unser Gott,
dir vertrauen wir uns an,
uns und alle Menschen.

Behüte uns vor Gefahr
und vor allem Unfall.

Gib den Großen und den Kleinen
Freude an diesem Tag

und laß uns alle heute und morgen
und noch viele Tage
im Frieden beieinander sein.

Du bist bei uns.
Wir danken dir.
Wir preisen dich,
Herr, unser Gott. Amen.

Wie fröhlich bin ich aufgewacht!
Wie hab ich geschlafen
so sanft die Nacht.
Hab Dank,
im Himmel du Vater mein,
daß du hast wollen bei mir sein.
Behüte mich auch diesen Tag,
daß mir kein Leid geschehen mag.
Amen.

Von Gott behütet steh ich auf,
er leitet mich in meinem Lauf,
er bleibt bei mir auf allen Wegen
mit seiner Kraft und seinem Segen.

Besonders geeignet sind immer
wieder die Lieder, die das Gesangbuch
für den Morgen anbietet. Zum Beispiel:

Lobet den Herren,
alle, die ihn ehren!
Laßt uns mit Freuden
seinem Namen singen
und Preis und Dank
zu seinem Altar bringen.
Lobet den Herren!

Der unser Leben,
das er uns gegeben,
in dieser Nacht
so väterlich bedecket
und aus dem Schlaf uns
fröhlich auferwecket,
lobet den Herren!

O treuer Hüter,
Brunnen aller Güter,
ach laß doch ferner
über unserm Leben
bei Tag und Nacht
dein' Hut und Güte schweben!
Lobet den Herren.

Gib, daß wir heute,
Herr, durch dein Geleite
auf unsern Wegen
unverhindert gehen
und überall
in deiner Gnade stehen!
Lobet den Herren.
Amen.

Gott will ich lassen raten,
denn er all Ding vermag.
Er segne meine Taten,
mein Vornehmen und Sach.
Ihm hab ich heimgestellt
mein Leib, mein Seel, mein Leben
und was er sonst gegeben,
er mach's, wie's ihm gefällt.
Amen.

Führe mich, o Herr, und leite
meinen Gang nach deinem Wort.
Sei und bleibe du auch heute
mein Beschützer und mein Hort.
Nirgends als bei dir allein
kann ich recht bewahret sein.

Laß du dich diesen Tag
mir stets vor Augen schweben,
laß dein Allgegenwart
mich wie die Luft umgeben,
auf daß mein ganzes Tun
durch Herz, durch Sinn und Mund
dich lobe inniglich,
mein Gott, zu aller Stund.

*

Nach dem Frühstück:

Amen zu aller Stund
sprech ich aus Herzensgrund.
Du wollest selbst uns leiten,
Herr Christ, zu allen Zeiten,
auf daß wir deinen Namen
ewiglich preisen. Amen.

Man kann auch einen Segen miteinander sprechen, ehe das Kind in den
Kindergarten oder in die Schule geht:

Er hat seinen Engeln befohlen,
daß sie dich behüten
auf allen deinen Wegen.

Ehre sei dem Vater und dem Sohn
und dem Heiligen Geist,
wie es war am Anfang,
jetzt und immerdar
und von Ewigkeit zu Ewigkeit. Amen.

Und vielleicht möchte die Mutter,
die zu Hause bleibt, noch für sich selbst
einen Vers sagen, der von einem Unbe-
kannten stammt, aber wohl für viele gilt:

Gib mir Kraft für einen Tag!
Herr, ich bitte nur für diesen,
daß mir werde zugewiesen,
was ich heute brauchen mag.

Jeder Tag hat seine Last,
jeder Tag bringt neue Sorgen,
und ich weiß nicht, was für morgen
du mir, Herr, beschieden hast.

Aber eines weiß ich fest,
daß mein Gott, der seine Treue
täglich mir erzeigt aufs neue,
sich auch morgen finden läßt.

Gib mir heute deinen Geist,
der mich hält mit dir verbunden,
daß das Band werd' stark erfunden
und bis morgen nicht zerreißt.

Und so will ich meine Bahn
ohne Sorgen weiterschreiten.
Du wirst Schritt für Schritt
mich leiten,
bis der letzte Schritt getan.

Abend

Unser Abendgebet steige auf
zu dir, Herr,
und es senke sich auf uns herab
dein Erbarmen.

Dein ist der Tag,
und dein ist die Nacht.
Laß, wenn des Tages Licht verlischt,
das Licht deiner Liebe
uns leuchten.

Geleite uns zur Ruhe der Nacht
und führe uns nach Hause zu dir
jetzt und in Ewigkeit. Amen.

Vater im Himmel,
wir danken dir
in dieser Abendstunde,
daß wir diesen Tag vollenden
unter deinem Schutz.

Du hast uns Kraft gegeben
für alles, was wir getan haben,
und hast uns bewahrt.
Wir sind geborgen in dir
wie in der Hand eines Vaters,
wie im Arm einer Mutter.

Wenn wir nun schlafen,
dann wachst du über uns.
Bleibe du uns nahe,
auch wenn wir träumen,
und gib uns und allen Menschen
Frieden bei dir. Amen.

Meinem Gott gehört die Welt,
meinem Gott das Himmelszelt,
ihm gehört der Raum, die Zeit,
sein ist auch die Ewigkeit.

Und sein eigen bin auch ich.
Gottes Hände halten mich
gleich den Sternen in der Bahn;
keins fällt je aus Gottes Plan.

Wo ich bin, hält Gott die Wacht,
führt und schirmt mich Tag und Nacht;
über Bitten und Verstehn
muß sein Wille mir geschehn. Amen.

Vater im Himmel,
es ist Abend, und wir sprechen zu dir.
Wir danken dir für diesen Tag.
Wir danken dir für die Liebe,
mit der du uns geführt hast.

Wir bitten dich nun um deine Liebe
für alle Menschen,
die zu uns gehören,
und für alle, die wir nicht kennen.

Gib uns neue Kräfte für morgen,
daß wir deine Liebe
weitergeben können.
Denn nichts ist so wichtig,
wie daß du uns liebst
und wir einander lieben.

Wir danken dir,
Vater im Himmel. Amen.

Vater im Himmel,
wir danken dir für diesen Tag.
Wir danken dir für diese Nacht.
Wir sind deine Kinder,
ob es hell ist oder dunkel,
ob wir wachen oder schlafen.

Alle Bäume schlafen nun,
und sie wachen wieder auf,
wenn es Tag wird.
So wachsen sie und blühen,
und so reifen die Äpfel
und viele andere Früchte.

Laß auch uns wachsen
an unserem Leib und unserer Seele,
wenn wir schlafen oder wachen,
daß wir so werden,
wie wir in deinen Augen sind.

Dein sind wir,
ob es hell ist oder dunkel.
Segne und behüte uns. Amen.

*

Bleibe bei uns, Herr,
denn es will Abend werden,
und der Tag hat sich geneigt.

Bleibe bei uns
und bei allen Menschen.
Bleibe bei uns
am Abend des Tages,
am Abend des Lebens,
am Abend der Welt.

Bleibe bei uns und behüte uns
mit deiner starken Hand
heute und morgen
und alle Tage unseres Lebens.

Bleibe bei uns,
auch wenn es in uns
dunkel wird.
Wenn wir Angst haben,
wenn wir verlassen sind.
Wenn wir in Gefahr sind.

Bleibe bei uns
und bei allen deinen Kindern
heute und morgen
und in Ewigkeit. Amen.

*

Weißt du, wieviel Sternlein stehen
an dem blauen Himmelszelt?
Weißt du, wieviel Wolken gehen
weithin über alle Welt?
Gott, der Herr, hat sie gezählet,
daß ihm auch nicht eines fehlet,
an der ganzen großen Zahl.

Weißt du, wieviel Mücklein spielen
in der heißen Sonnenglut,
wieviel Fischlein auch sich kühlen
in der hellen Wasserflut?
Gott, der Herr, rief sie mit Namen,
daß sie all ins Leben kamen,
daß sie nun so fröhlich sind.

Weißt du, wieviel Kinder frühe
stehn aus ihrem Bettlein auf,
daß sie ohne Sorg und Mühe
fröhlich sind im Tageslauf?
Gott im Himmel hat an allen
seine Lust, sein Wohlgefallen,
kennt auch dich und hat dich lieb.

*

Der Mond ist aufgegangen,
die goldnen Sternlein prangen
am Himmel hell und klar.
Der Wald steht schwarz und schweiget,
und aus den Wiesen steiget
der weiße Nebel wunderbar.

Seht ihr den Mond dort stehen?
Er ist nur halb zu sehen
und ist doch rund und schön.
So sind wohl manche Sachen,
die wir getrost belachen,
weil unsre Augen sie nicht sehn.

Gott, laß dein Heil uns schauen,
auf nichts Vergänglichs trauen,
nicht Eitelkeit uns freun.
Laß uns einfältig werden
und vor dir hier auf Erden
wie Kinder fromm und fröhlich sein.

So legt euch denn, ihr Brüder,
in Gottes Namen nieder;

kalt ist der Abendhauch.
Verschon uns, Gott, mit Strafen
und laß uns ruhig schlafen,
und unsern kranken Nachbarn auch.

✳

Mein schönste Zier und Kleinod bist
auf Erden du, Herr Jesu Christ.
Dich will ich lassen walten
und allezeit
in Lieb und Leid
im Herzen dich behalten.

Dein Lieb und Treu vor allem geht,
kein Ding auf Erd so fest besteht,
das muß man frei bekennen.
Drum soll nicht Tod,
nicht Angst, nicht Not
von deiner Lieb mich trennen.

Dein Wort ist wahr und trüget nicht
und hält gewiß, was es verspricht,
im Tod und auch im Leben.
Du bist nun mein,
und ich bin dein.
Dir hab ich mich ergeben.

Der Tag nimmt ab, ach schönste Zier,
Herr Jesu Christ, bleib du bei mir,
es will nun Abend werden.
Laß doch dein Licht
auslöschen nicht
bei uns allhier auf Erden. Amen.

✳

Müde bin ich, geh zur Ruh,
schließ die müden Äuglein zu.
Vater, laß die Augen dein
über meinem Bettchen sein.

Alle, die mir sind verwandt,
Herr, laß ruhn in deiner Hand.
Alle Menschen, groß und klein,
sollen dir befohlen sein. Amen.

✳

Segne, Vater, mich am Abend,
segne du das Herze mein,
segne Vater und die Mutter,
segne die Geschwisterlein,
segne, die mir sind verwandt,
segne alle Leut im Land.
Segne uns in allen Dingen,
wollst uns in den Himmel bringen.
Amen.

✳

Die Nacht bricht an
über Stadt und Feld.
Gott, segne die Erde,
behüte die Welt.

Wir nennen miteinander Vater,
Mutter und die Geschwister, die Paten
und die Großeltern, die Kinder und
die Erwachsenen aus der Nachbar-
schaft, die Schulkameraden, die Kinder
aus der ganzen Welt und denken besonders an die einen oder anderen unter
ihnen. Am Ende sagen wir gemeinsam:

Gib allen Lieben heute nacht
einen guten Schlaf, hab sie in acht.

Bewahr uns alle, groß und klein,
daß deine Liebe uns verein',

und gib einen neuen Tag, Herr Christ,
uns allen, wenn's dein Wille ist.
Amen.

Gott, der heute mich bewacht,
beschütze mich auch diese Nacht.
Du sorgst für alle, groß und klein;
drum schlaf ich ohne Sorgen ein.

Statt solcher Verse können Sie aber
auch ein eigenes Gebet formulieren
oder Ihrem Kind vorschlagen, selbst eins
zu erfinden. Etwa so:

Guter Gott,
vielen Dank für diesen Tag.
Wir haben viel Spaß gehabt.
Ich wünsche mir,
daß es morgen wieder so ist.
Jetzt bin ich zufrieden und müde.
Behüte mich,
die Mutter und den Vater
und meine Bären und Pferdchen.
Amen.

∗

Von den Sioux-Indianern ist das
folgende Gebet überliefert:

Gott, du bist mein Vater,
du bist meine Mutter.

Jetzt werde ich schlafen
unter deinen Füßen,
unter deinen Händen,
du Herr der Berge und der Täler,
du Herr der Bäume
und aller Schlinggewächse.

Morgen ist wieder der Tag.
Morgen ist wieder das Sonnenlicht.
Ich weiß nicht, was dann sein wird.
Meine Mutter und mein Vater
wissen es auch nicht.

Nur du, Gott, siehst mich.
Du hütest mich auf jedem Weg,
in jeder Dunkelheit,
vor jedem Hindernis,
du mein Herr,
du Herr der Berge und Täler.

Du weißt, was ich heute gesagt habe,
ob es gut war oder böse,
ob es zu wenig war
oder zu viel.
Du aber vergibst mir
alle meine Verfehlungen.

∗

Von den Galla,
einem afrikanischen Volk,
haben wir das Gebet:

O Gott,
du hast mich den Tag
in Frieden verleben lassen.
Laß mich auch die Nacht
im Frieden verbringen.

O Herr,
du hast keinen Herrn über dir.
Es ist keine Kraft außer in dir.
In deiner Hand verbringe ich den Tag.
In deiner Hand verbringe ich die Nacht.
Du bist meine Mutter.
Du bist mein Vater.

∗

Zur Ruh will ich mich legen.
Mit Liebe und mit Segen,
Herr Jesu, schließ mich ein.
So schlaf ich ohne Sorgen
vom Abend bis zum Morgen
als wie im Nest ein Vögelein. Amen.

22

Eh ich mich niederlege,
vom Tage müd gemacht,
schau ich noch einmal gerne
auf in die dunkle Nacht.

Die Sterne ziehen stille
die ewigen Bahnen hin.
Und nur der ewige Wille
weiß um ihren Sinn.

Und rings das tiefe Schweigen
gibt meinem Herzen Ruh.
Ich seh den Mond aufsteigen
und wink ihm freundlich zu.

Und geh in meine Kammer
und lösch die Kerze aus.
Und bin mit Mond und Sternen
im großen Vaterhaus.

*

Schon glänzt der goldne Abendstern,
gut Nacht, ihr Lieben nah und fern,
schlaft ein in Gottes Frieden.
Die Blume schließt die Äuglein zu,
der kleine Vogel geht zur Ruh,
bald schlummern alle Müden.

Du aber schläfst und
schlummerst nicht,
dir, Vater, ist das Dunkel licht,
dir will ich mich vertrauen.
Hab du uns alle wohl in acht,
laß uns nach einer guten Nacht
die Sonne fröhlich schauen. Amen.

*

In deine Hände
befehlen wir unseren Geist.

Du hast uns erlöst,
Herr, du treuer Gott.

Bewahre uns in dieser Nacht
nach deiner Gnade.
Beschirme uns
unter dem Schatten deiner Flügel.

Gepriesen sei, der da war
und der da ist und der da kommt.
Lob und Preis sei ihm
in Ewigkeit. Amen.

Manche Kinder, auch noch vier-
oder fünfjährige, haben mit Angst zu
tun, wenn Vater oder Mutter das Licht
löscht und das Zimmer verläßt. Was gibt
man ihnen als Hilfe? Vielleicht ein ganz
einfaches Wort, das sie sich leicht einprägen und das sie sich noch zehnmal
vorsagen können, bis sie einschlafen:

Du bist bei mir
und behütest mich,
wenn es Nacht ist.

Oder:
Wenn ich allein bin
und es dunkel ist —
du bleibst bei mir.

*

Und da ist noch ein Gebet für Vater
und Mutter selbst:

Herr, du allein weißt,
was dieser Tag wert war.
Ich habe viel getan
und viel versäumt.

Ich habe vieles versucht
und vieles nicht vollendet
und bin den Menschen um mich her
viel Liebe schuldig geblieben.

Ich möchte allen vergeben,
die mir Unrecht getan haben.
Vergib du auch mir
alle meine Schuld.
Dir überlasse ich
all mein Versagen,
auch an meinem Kind.

Ob dieser Tag Frucht gebracht hat,
weiß ich nicht.
Du allein siehst es.
Du kannst meine Mühe segnen.

Herr, ich kann dir nichts geben
zum Dank für diesen Tag,
als daß ich den kommenden
aus deiner Hand nehme.
Gib mir einen neuen Tag
und verlaß uns nicht. Amen.

ooooooooooooooooooooooooooooo

Wenn wir beten, sprechen wir in Bildern

Manche wundern sich über die kindliche Anschaulichkeit, in der die Christen von Gott reden. Der Christ weiß natürlich, daß Gott keine Hände hat wie ein Mensch, dennoch birgt er sich in die „Hände Gottes". Er weiß, daß Gott nicht auf einem Stuhl sitzt, dennoch spricht er von „Gottes Thron". Er weiß, daß Gott kein Gesicht hat, dem Gesicht eines Menschen vergleichbar, dennoch spricht er davon, er trete vor „Gottes Angesicht". Er weiß, daß über den Wolken nicht „der Himmel" kommt, dennoch sagt er: „Unser Vater im Himmel" und hält das als erwachsener Mensch für völlig angemessen. Er weiß, daß Gott anwesend ist ebenso in der Höhe wie in der Tiefe, dennoch wendet er sich, wenn er Gott anspricht, unwillkürlich nach oben.

Was bedeutet das? Es bedeutet, daß wir von Gott überhaupt nicht reden könnten, wenn wir nicht Bilder, anschauliche Vergleiche, zu Hilfe nähmen. Wir sind so angelegt, daß wir nur erfassen können, was unsere Sinne wahrnehmen, was wir also sehen, hören, fühlen, schmecken, tasten können, und daß wir unser Herz nur an etwas festmachen können, das mindestens in einem übertragenen Sinn anschaulich ist. Man kann die ganze Begriffssprache der heutigen Wissenschaft eingeübt haben — wenn man danach etwas für den Geist und das Herz des Menschen Wichtiges bedenken will, wird man wieder in Bildern sprechen. Die ganze Sprache, die man unter Liebenden spricht, ist ein einziges Bilderbuch. „Du, meine Sonne", „Du, mein Herz", „Du, mein einziges Licht" — das alles sind Bilder dieser Art.

Ein kleines Mädchen aus unserem Bekanntenkreis sollte eines Abends ein Gebet sprechen. Nach einer Weile stockender Versuche sagte es müde und ratlos: „Ich will aber mit jemand sprechen, der ein Gesicht hat." Wie soll ein Mensch zu Gott Vertrauen fassen, wenn man seinem Gesicht nicht ansieht, ob er es gut oder böse mit einem meint? Das Kind hat recht, und der bekannte Segen redet ja tatsächlich davon, Gott „lasse sein Angesicht leuchten", das heißt, er sei uns gewogen. Jesus verstand sich als das wahrnehmbare, uns zugewandte Gesicht Gottes. „Wer mich sieht", sagt er, „sieht den Vater."

Ohne Bilder auszukommen, das wird uns vielleicht eines Tages möglich sein, wenn wir, wie die Bibel sagt, „Gott schauen" werden. Wenn wir also über unsere schwachen Versuche, uns Gott vorzustellen, hinausgewachsen sein werden. Solange wir aber auf dieser Erde sind, reden wir in Bildern, zeigen wir unseren Kindern Bilder und werden wir uns mit Bildern begnügen. Es gibt keine Wahrheit außer in Bild und Gleichnis.

Manchmal freilich müssen wir unsere Bilder prüfen, ob sie ganz angemessen sind.

Wir sprechen Gott als „Vater" an. Dieses Gleichnis aus der menschlichen Familie ist bis heute wichtig, ja unentbehrlich. Es liegt darin der Gedanke: Gott ist ein Gegenüber, zu dem man sprechen kann, das hört, vor dem man sich verantwortet. Vor ihm wird man sich seiner selbst bewußt oder stellt sich selbst in Frage. Er erläßt die Zehn Gebote oder fordert die Nachfolge, die Bewährung, die Tat. Er ist Autorität, freilich eine Autorität, der wir vertrauen können. Das meint das Bild vom „Vater".

Aber Gott ist von Anfang an für den suchenden Menschen noch mehr gewesen als dieses strenge Gegenüber. Er war immer auch der Raum, in dem der Mensch lebte, die Luft, die er atmete, das große Umfassende, zu dem er nicht sprach, sondern in dem er geborgen war; und wenn Jesus sagt: „Es ist nicht nötig, daß ihr immer redet, Gott weiß, was ihr braucht, ehe ihr ihn bittet", dann liegt darin der Gedanke verborgen, Gott sei nicht nur etwas wie ein Vater, sondern auch etwas wie eine „Mutter". Dabei machen wir uns deutlich, daß Gott weder Mann noch Frau ist, sondern eben Gott, und daß er an der Trennung seiner Geschöpfe in Mann und Frau keinen Anteil hat.

Aber was helfen uns diese Bilder? Sie helfen uns zunächst, das, was wir von Gott erkennen, zu verbinden mit unserem elementaren Leben. Im Arm einer „Mutter" braucht ein Kind sich nicht zu „bewähren". Es muß nicht denken oder reden können, um ihr Kind zu sein. Es wird nicht an seiner Leistung gemessen. Im Arm einer Mutter hat auch das schwach begabte, das kranke, das behinderte oder das schlafende Kind seinen Platz. Nicht alles muß man sich bewußt machen, und es bedarf im Arm einer Mutter keines Glaubensbekenntnisses, sondern nur des Vertrauens, und so umfaßt ihr Arm Leib, Seele und Geist des Kindes. Gott ist nicht nur über den Menschen wie der Himmel, sondern auch unter ihnen wie die Erde. Nach dem Himmel streckt man sich aus, auf der Erde ruht man.

Wir vermuten, daß viele Christen im Alter deshalb mit ihrem Glauben Schwierigkeiten bekommen, weil sie noch immer meinen, sie müßten sich in Wort und Tat „bewähren", wenn sie mit Gott im Einvernehmen bleiben wollen. Dabei wäre nur das eine nötig, daß sie sich mit ihren abnehmenden Kräften und mit dem Vertrauen, das sie in langen Jahren ihres bewußten und aktiven Christseins gewonnen haben, in die Arme Gottes legten. Denn Gott hat auch das mütterliche Element in sich, und das Kind darf am Ende heimkehren.

Wir reden in Bildern von Gott. Und diese Gleichnisse werden immer das Schwebende behalten, das in ihrem Wesen liegt. Sie weisen in eine Richtung. Sie deuten an. Und so reden wir von Gott auch, wie die Bibel es tut, als vom „Licht" oder von einem „Fels" oder von einer „Burg" oder von einem „Herrn". Alle Gleichnisse sind wahr, solange sie andeuten, und sie können sehr falsch werden, wenn ein einzelnes von ihnen das Ganze beschreiben soll. In diesem Sinn ist Gott auch Vater und auch Mutter. Er ist auch Himmel und Erde. Er ist die Luft, die wir atmen, und das Brot, das wir essen, oder auch das Gesetz, nach dem wir leben sollen. Er ist dies alles zugleich. Und nur so, in dieser schwebenden Unschärfe eines Gleichnisses, nennen wir Gott im Gebet auch unseren „Vater".

ooooooooooooooooooooooooooooo

Zu Tisch

Du läßt durch schwerer Ähren Gold
die leichten Blumen leuchten,
läßt deinen Regen Frucht wie Spreu
erquicken und befeuchten.
Schenk du auch unsres Lebens Mühn
die Frucht und bunter Blumen Blühn!

*

Allen Hunger, den wir haben,
stillen wir mit Gottes Gaben,
alles Dürsten, das wir stillen,
stillen wir mit Gottes Willen.
Alle Sehnsucht ist erfüllt,
wenn Gott selbst als Nahrung quillt.

*

Laß, Gott, uns deiner nie vergessen,
wenn wir uns deiner Gaben freun;
laß, wenn wir trinken,
wenn wir essen,
uns teuer deine Güte sein.
Dir sei für Speise, sei für Trank,
für alles Gute Preis und Dank!

*

Segne, Vater, diese Speise,
uns zur Kraft und dir zum Preise.
Wir bitten, Herr, sei unserm Haus
ein steter Gast, tagein, tagaus,
und hilf, daß wir der Gaben wert,
die deine Güte uns beschert.

Manche Gebete sind so angelegt,
daß der erste Vers von einem und der
zweite von allen zusammen gesprochen
wird. Etwa so:

Einer:
Wir danken Gott für seine Gaben,
die wir von ihm empfangen haben,
und bitten unsern lieben Herrn,
er woll' auch ferner uns beschern,
woll' speisen uns mit seinem Wort,
daß wir satt werden hier und dort.

Alle:
Ach lieber Herr, du wollst uns geben
nach dieser Zeit das ewig Leben.

*

Einer:
Erde, die uns dies gebracht,
Sonne, die es reif gemacht,
liebe Sonne, liebe Erde,
euer nicht vergessen werde!

Alle:
Alle guten Gaben,
alles, was wir haben,
kommt, o Gott, von dir.
Dank sei dir dafür. Amen.

*

Einer:
Das Brot ernährt dich nicht,
was dich im Brote speist,
ist Gottes ewigs Licht,
ist Leben und ist Geist.

Alle:
Aller Augen warten auf dich, Herr,
und du gibst ihnen Speise
zur rechten Zeit!
Du tust deine Hand auf
und erfüllst alles, was lebt,
mit Wohlgefallen.

Einer:
Das Brot vom Korn,
das Korn vom Licht,
das Licht aus Gottes Angesicht.
Die Frucht der Erden
aus Gottes Schein:
mög Licht auch werden
im Herzen mein!

Alle:
Wir danken dir, Herr,
denn du bist freundlich,
und deine Güte währet ewiglich.
*
Herr Gott, himmlischer Vater,
segne uns und diese deine Gaben,
die wir von deiner Güte zu uns nehmen,
durch unsern Herrn Jesus Christus.
Amen.

*
Möge uns auch diese Speise
stärken auf der Lebensreise,
mög sie werden gutes Sinnen,
wahres Reden und Beginnen,
Kraft im Glücke und im Schmerz,
wache Seele, frohes Herz,
daß wir alle unsre Zeit
leben in der Ewigkeit!

*
Du läßt die liebe Sonne scheinen,
schaffst Regen auch zu seiner Zeit
und segnest deine schöne Erde
mit Wachstum und mit Fruchtbarkeit.

Laß deine Güte uns begreifen,
führ gnädig uns durch harte Zeit,
laß uns auch wachsen, laß uns reifen
durch diese Zeit zur Ewigkeit.

Sonne spendest du und Regen,
gibst uns Heimat, Brot und Dach,
und auf allen unsern Wegen
gehn uns deine Augen nach.
Alles kommt aus deinen Händen;
alles lebt, weil du es willst;
alle unsre Not muß enden,
alles Leid, wenn du es stillst.

* Lied

Komm, Herr Jesu, sei unser Gast
und segne, was du uns bescheret hast.

*

Eines wünschen wir uns:
daß du uns freundlich bist,
Gott, und uns segnest.

Denn du gibst das Licht.
Du gibst deine Liebe,
die es hell macht
bei uns auf der Erde.

Alle Menschen sollen dir danken,
daß du ihnen Leben gibst,
Frieden und Sicherheit.

Wir alle wollen dich preisen,
Gott,
daß wir leben dürfen
und du uns ernährst
mit Frucht aus der Erde.

Gott, segne uns,
daß auch in unseren Herzen
Frucht wächst,
Liebe, Glauben und Dankbarkeit.
Segne uns, Gott,
und wir alle preisen dich. Amen.

Nach Psalm 67

Vom Trinken

Sieh zu! Sieh zu!
Wie trinkt das Pferd?
Wie trinkt die Kuh?

Sie gießen das Wasser
nicht in den Schlund wie du.
Sie nehmen es erst ganz sachte,
ganz sachte,
sie nehmen es erst ganz sachte,
ganz vorn, ganz vorn in den Mund.
Da wird das kalte Wasser warm
und schadet nicht dem Kragen
und schadet nicht dem Magen
und schadet nicht dem Darm.

Siehst du?

Gott will uns speisen,
Gott will uns tränken,
nun laßt uns still die Augen senken
und aller seiner Gäste denken:
Fisch im See, Hase im Klee,
Biene im Honigduft,
Schwalbe in Himmelsluft,
Nest im Dorn, Mäuschen im Korn,
Fröschlein im Teich, arm und reich,
Wiese und Wald, jung und alt,
Menschen und Tiere groß und klein,
alle lädt er zu Tische ein,
allen gibt er Speise und Trank,
für alle sag ich: Gott sei Dank.

∗

Zu Tisch, wenn draußen Schnee liegt:

Wir danken dir, Herr,
daß der Tisch bereit.
Gib Speise auch der Amsel
in dem dürren Reis,
gib sie dem Reh im Wald,
dem Fischlein unterm Eis.
Mach auch die Menschen
in den fernen Ländern satt,
und mach uns wach für den,
der Hunger hat.
Dir sei Lob, Ehr und Preis
in Ewigkeit. Amen.

∗

Herr, wir gehen zu dem Essen,
laß uns deiner nicht vergessen,
denn du bist das Lebensbrot.
Stärk die Leiber, speis die Seelen,
die wir dir jetzt anbefehlen,
steh uns bei in aller Not.

Hilf, daß wir nach dieser Erden
deine Gäst' im Himmel werden. Amen.

Nach Tisch

O Herr, verleih,
daß Lieb und Treu
in dir uns all verbinden,
daß Hand und Mund
zu jeder Stund
dein Freundlichkeit verkünden,
bis nach der Zeit
den Platz bereit
an deinem Tisch wir finden. Amen.

∗

Wir wollen danken
für unser Brot.
Wir wollen helfen
dem, der in Not.
Wir wollen schaffen,
die Kraft gibst du.
Wir wollen lieben,
Herr, hilf dazu. Amen.

∗

Wir danken dir, Herr Jesu Christ,
daß du unser Gast gewesen bist.
Bleib du bei uns, so hat's nicht Not,
du bist das rechte Lebensbrot.

∗

Lieber Gott, für Speis und Trank
sagen wir dir Lob und Dank.

Ein Gang durch die Jahreszeiten

*

Den Advent feiern

Wenn es überhaupt Zeiten im Jahr gibt, die wir mit Kindern farbig und phantasievoll begehen können, dann gehören die drei oder vier Wochen des Advents, die dem Weihnachtsabend vorausgehen, sicherlich dazu.

Adventsuhren, bunt bemalt, aus Pappe gebastelt, werden jeden Morgen feierlich um einen Tag vorgerückt. Adventskalender, an denen wir jeden Tag ein Fenster öffnen und ein neu erscheinendes Bild bewundern, hängen an Fenstern oder Glastüren. Sterne aus Stroh oder farbigem Papier entstehen an den Abenden bei Kerzenschein aus der gemeinsamen Phantasie der Großen und der Kleinen. Zweige aus Tannengrün rahmen die Türen. Vor den Lampen stehen oder hängen bunte Transparente. Vor allem aber: Ein Kranz aus Tannenzweigen, den wir möglichst nicht kaufen, sondern selber machen und den wir mit vier roten Kerzen und roten Bändern schmücken und der den Lauf des Jahres abbildet, hängt an der Zimmerdecke oder liegt auf einem runden Tisch.

Wir singen, und zwar besonders die alten Adventslieder. Wir lesen vor, oder, noch besser: Wir erzählen Märchen, Geschichten, Legenden. Und vielleicht gelingt es uns, wenigstens einmal vier Wochen ohne Fernsehprogramm auszukommen.

Was aber bedeutet der Advent?

Wir gehen von seiner Bildersprache aus: Da ist zunächst ein Licht. Ein offenbar weit entfernter, schwacher Stern. Der blitzt ein wenig in die abendliche Dunkelheit herein, und wir nehmen sein Licht zuerst mit einer einzelnen Kerze auf, dann mit zwei, dann mit drei, dann mit vier, und am Ende kommt eine Kaskade von Licht von der Spitze eines Baums herunter über die immer breiter werdenden Äste, bis herunter zu dem Kind, das unter dem Baum in einer Krippe liegt. Ankunft des Lichts. Ankunft eines Kindes. Ankunft Gottes. Das ist Advent.

Nicht darin liegt das Wichtige, daß wir Lichter anzünden. Unsere heutige Welt hat an Lampen, Lichtern und Scheinwerfern keinen Mangel. Das Wichtige liegt darin, daß wir wieder anfangen, kleine Lichter wahrzunehmen und zu warten, bis sie größer und heller werden und näher und näher kommen, bis das ganze Haus voll Licht ist.

Wir meinen mit dem Licht aber nicht irgendeine Beleuchtung. Wir meinen jenen Mann, der von sich gesagt hat: „Ich bin das Licht der Welt." Und: „Wer es mit mir wagt, der wird selbst zu einem Licht der Welt werden." Er hat gesagt: In der ungeheuren Nacht dieser Welt ist Einer: Gott. Der Schöpfer und Herr. Der wendet sich euch zu. Der kommt in eure kleine Gemeinschaft herein und wird erkennbar und faßbar. Von ihm sage ich: Er ist Liebe. Er legt gleichsam die Hände um euer kleines Leben und gibt ihm seine Farbigkeit und seine

Schönheit, sein Licht und seine Wärme.
Und wer in dieser Liebe bleibt, der bleibt
in Gott.

Das ist Weihnachten. Und Advent
ist das Hoffen und Warten auf dieses
Wort.

Wenn wir unseren Kindern die
wichtigste Adventsgeschichte erzählen
wollen, dann werden wir die vom „Ein-
zug Jesu in Jerusalem" wählen. Sie steht
Lukas 19, aber wir werden sie natürlich
nicht vorlesen, sondern erzählen. Etwa
so:

In der schönen, großen
Stadt Jerusalem
war wieder einmal ein großes Fest.
Die Leute strömten zusammen
aus allen Richtungen.
Die Straßen waren alle verstopft.
Vor den Toren drängten sie sich,
und in den engen Gassen
konnte man sich vor lauter Menschen
nicht umdrehen.
Im Tempel strömten sie zusammen,
vor dem großen goldenen Tor,
und feierten das Osterfest.

Aber das Wichtigste war ihnen nicht
das Fest.

Wichtig war ihnen,
was sie einander erzählten:
Hast du schon gehört?
Da kommt ein großer Prophet!
Da kommt der,
auf den wir schon so lange warten.
Der König.
Der wird uns endlich den Frieden
bringen.

Hast du schon gehört?
Er soll gar nicht mehr weit sein.

Draußen, noch weit draußen,
wanderten die Menschen
auf den langen,
staubigen Straßen.
Über Berg und Tal.
Sie gingen zu Fuß
und sangen unterwegs.
Sie sangen in ihren Liedern,
daß nun bald der komme,
auf den sie alle warteten,
und daß er ihnen den Frieden bringe.

Und irgendwo zwischen den Leuten
kam er tatsächlich.
Er ging wie die anderen zu Fuß
durch die staubige Wüste hinauf
auf die Höhe,
wo Jerusalem lag.
Und als er auf den Berg kam,
von dem aus man die Stadt
schon sehen konnte,
da drehte er sich zu seinen Jüngern um
und sagte zu zweien von ihnen:
Dort vorn ist ein Dorf.
Geht hinein.
Ihr werdet dort
einen jungen Esel finden,
an einen Baum angebunden.
Den macht los und bringt ihn.
Und wenn jemand fragt:
Warum macht ihr den Esel los?
dann sagt: Der Herr braucht ihn.
Und die Jünger gingen voraus
in das Dorf
und fanden den Esel
und brachten ihn zu Jesus.

Und Jesus setzte sich auf den Esel
und ritt den Berg hinunter,
durch das Tal
und wieder hinauf zur Stadt.
Vor dem Tor standen Menschen,
die schauten hinüber,
und auf einmal sahen sie ihn.
Der ist es! riefen sie.
Dort, auf dem Esel!
Der Mann von Nazareth!
Und sie fingen an,
ihn mit Liedern zu begrüßen.

Und dann kam er.
Im einfachen, braunen Mantel.
Gar nicht wie ein König.
Ohne roten Umhang
und ohne goldene Krone.
Und trotzdem sahen es alle:
Der ist unser König!
Und man hörte den Lärm
bis weit in die Stadt hinein.

Und sie rissen Zweige von den Bäumen
und streuten sie auf den Weg.
Das ist noch lange nicht schön genug,
riefen andere,
zogen ihre Mäntel und Jacken aus
und breiteten sie auf die Straße.
Und der Esel trabte
über den bunten Teppich
aus Kleidern und Blumen und Zweigen.

Und sie sangen:
„Gelobt sei, der von Gott kommt.
Hosianna! Er soll König sein!
Halleluja!"
Und Jesus freute sich
und winkte ihnen zu

und gab ihnen allen die Hand.
Die Kinder nahm er zu sich
auf den Esel
und herzte sie und lachte mit ihnen.
Und die Jünger, die nebenher gingen,
lachten mit.
Und so zogen sie miteinander
in die Stadt.

Das feiern wir, wenn Advent ist:
daß Jesus zu uns kommt.
Nicht so wie damals.
Sondern ganz leise.
Daß er zu uns sagt:
„Ich komme von Gott.
Und ich sage euch,
daß Gott euch liebt,
euch alle." Darum freuen wir uns.
Und weil er das große Licht ist,
das von Gott kommt,
deshalb zünden wir Kerzen an
und warten auf Weihnachten.
Und das Verslein
können wir ganz leicht lernen:

Advent! Advent!
Ein Lichtlein brennt.
Erst eins, dann zwei,
dann drei, dann vier,
dann öffnet sich die goldne Tür.

*

Zu Tisch oder zum Schlafengehen
im Advent eignen sich etwa diese Verse:

Ach, mache du mich Armen
zu dieser heilgen Zeit
aus Güte und Erbarmen,
Herr Jesu, selbst bereit.
Zieh in mein Herz hinein

vom Stall und von der Krippen,
so werden Herz und Lippen
dir allzeit dankbar sein.

✳

Komm, o mein Heiland Jesu Christ,
meins Herzens Tür dir offen ist,
ach, zieh mit deiner Gnade ein,
dein' Freundlichkeit auch uns erschein.
Dein heilger Geist uns führ und leit
den Weg zur ewgen Seligkeit.
Dem Namen dein, o Herr,
sei ewig Preis und Ehr.

Ein Gebet für die Eltern:

Herr, Gott, du bist das Licht.
Die Erde aber ist dunkel,
die Angst ist groß
unter uns Menschen.
Viele warten auf dich,
und wir warten mit ihnen.

Du bist wehrlos
in diese Welt getreten,
um den Wehrlosen nahe zu sein.
Als Kind, angewiesen
auf die Sorgfalt von Menschen,
um uns zu zeigen, daß du uns
nahe bist in den Schutzbedürftigen.

Wir möchten bereit sein für dich,
wir und unsere Kinder.
Sei uns nahe, wenn wir Licht
und Trost suchen.
Begleite uns und zieh uns
und unsere Kinder zu dir.

Herr, gib Frieden auf Erden
allen, die Frieden suchen.
Du bist der Friede.

Mach uns zu Werkzeugen
deiner Güte
und deiner Barmherzigkeit
und unser Haus
zu einem Ort des Friedens.

Herr, du bist das Licht
der Liebe, in der wir sind;
wir preisen dich. Amen.

○○○○○○○○○○○○○○○○○○○○○○○○○○○○○○○

Über den Sinn des Wartens und das Fest

Der Advent ist, neben den Liedern und Bildern und Geschichten, auch die Zeit, in der wir zwei lebenswichtige Dinge wieder lernen können: das Warten und das Festefeiern. Beides, denn beides gehört zusammen.

Man zerstört ja heute alle Feste dadurch, daß man sie nicht mehr abwartet und so auch nicht mehr vorbereitet. Nikoläuse stehen am 10. November in den Schaufenstern und werden gekauft und verspeist. Was will der Nikolaus am 6. Dezember schließlich noch Überraschendes in die Schuhe stecken, die vor der Tür auf ihn warten? Christbäume stehen vier Wochen vor dem Fest strahlend auf vielen Straßen und vor den Kaufhäusern. Osterhasen sitzen, kaum daß Weihnachten vorbei ist, auf den Ladentischen, und die arme Mutti kauft, damit sie vor der Bettelei ihrer lieben

Kleinen Ruhe hat. Ergebnis: Kein Fest ist mehr wirklich ein Fest.

Denn kein Fest gelingt ohne die Vorfreude, die zu ihm gehört, ohne innere und äußere Vorbereitung und ohne die Spannkraft, die aus dem Warten kommt. Die Bibel sagt, die Zeit müsse „erfüllt" sein. Aber wie sollte sie erfüllt sein können, wenn sie nach der halben Strecke abgebrochen wird? „Alles hat seine Zeit", sagt die Bibel, „alles Vornehmen hat seine Stunde." Geschieht es aber außerhalb seiner Zeit und Stunde, verliert es seinen Sinn.

Das gilt für alles Führen und Erziehen eines Kindes. Auch die Phasen und Stufen seiner Entwicklung müssen ausgelebt werden, durchgestanden, durchgewartet, und beide, die Eltern wie die Kinder, brauchen viel Geduld dazu. Das scheint ein Gesetz zu sein, das durch alle Lebensbereiche geht.

Es kann heute sehr schwer sein, ein Mädchen daran zu hindern, mit sechzehn Jahren alle Erfahrungen zu machen, die früher der Braut oder der jungen Frau vorbehalten waren. Aber wer will sich über die Lustlosigkeit wundern, mit der die jungen Paare danach zusammenleben, oder über das Achselzucken, das noch übrigbleibt, wenn von Hochzeit oder Ehe die Rede ist? Wer nicht warten will, ausreifen und die Zeit aushalten, bis sie erfüllt ist, fällt der Langeweile zum Opfer.

Der Advent könnte heute geradezu eine Art Einübung ins Leben sein und eine Einübung ins Fest zugleich. Worauf aber warten wir in den Wochen vor Weihnachten? Wieder sind es die Bilder, die uns die Hinweise geben.

Daß es ein Familienfest wurde, liegt an der Geschichte selbst. Da ist eine Mutter, die ein Kind zur Welt bringt. Da ist ein behutsamer Vater, der den Esel auf dem Herweg geführt hat. Da ist ein traulicher, mit Stroh ausgelegter Stall, eine Wiege zwar nicht, aber eine warme Krippe als Bettchen für das Kind. Und alles bezieht sich auf den Sohn: der Ruf der Engel vom Himmel, die einfältigfromme Verehrung durch die Hirten vom Feld draußen und die Mutter, die vor ihrem Kind sitzt und in ihrem Herzen bewegt, was über das Kind gesagt wurde.

Weihnachten ist das Ur-Fest einer lebenskräftigen Familie, die auch an einem absurden Ort noch immer Wärme und Geborgenheit ausstrahlt, in der kein ehelicher Zwist aufkommt und das Kind noch ohne eigenen, störenden Willen ist, einer Familie, in der noch keine Entfremdung geschehen ist und kein Bruch.

Und dieses Weihnachten gibt durchaus die Chance, daß eine Familie, in der nicht alles heil und in Ordnung ist, gemeinsam ein Fest begeht, sich um die Kinder und ihr Spiel und ihre Freude konzentriert und so dem Willen Gottes zu entsprechen sucht.

Darüber hinaus aber ist Weihnachten das Fest, an dem wir unser landläufiges Bild von Gott korrigieren. Denn Gott ist für uns immer wieder ein Gott in der Ferne und in der Höhe. Unverständlich einerseits, einflußlos andererseits.

Nun ist Gott aber in Christus sichtbar, hörbar, faßbar geworden. Er ist sozusagen in die Niederungen herab- oder, wie immer man es sagen will, in unsere unmittelbare Nähe gekommen. Wir feiern die Menschwerdung Gottes. Das Kind von Bethlehem ist nicht nur Urbild des bei seiner Mutter geborgenen Kindes, vielmehr steht über beiden, über der Mutter wie über dem Kind, der Stern. Was der Mutter widerfährt, widerfährt ihr von Gott. Was im Kind in Erscheinung tritt, ist von Gott. Und wer Gott ist, lassen wir uns künftig von dem Kind von Bethlehem oder, genauer gesagt, von dem Mann sagen, zu dem das Kind heranwächst.

Und dieser Mann, dieser Jesus von Nazareth, sagt: Wenn du Gott suchst, dann findest du ihn in der Gestalt von Menschen, die deiner Hilfe bedürfen, in der Gestalt der Wehrlosen, der Ausgesetzten, der Heimatlosen, der Unbedeutenden oder Verfolgten. Und gar nicht nur sozusagen im privaten Umkreis. Wie groß die Welt ist, sieht das Kind abends am Fernsehschirm. Wie viel Gewalt geübt wird, sieht es nicht nur im Wildweststreifen, sondern auch in der Tagesschau. Wie gefährdet die Welt ist, kann es begreifen, wenn es das Wort Krieg oder Atombombe hört. Wie gefährdet das Leben der Menschen in seiner nächsten Umgebung ist, begreift es, wenn es von der Umweltdiskussion unserer Tage nur zufällig und am Rande einmal etwas mitbekommt.

Und daß in all dies Bedrohliche herab Christus kommt, das kann das Kind an Weihnachten durchaus verstehen. Denn Gott ist ja nicht nur der „liebe Gott" von Vater und Mutter zu Hause. Er ist gegenwärtig in den Schicksalen der Menschen rund um diese Erde. Und Christus ist der Herr nicht nur der christlichen Feste und Gottesdienste, sondern des Kosmos, und der reicht über den Umkreis des Menschenlebens ja weit hinaus. Gerade aber unter diesem Aspekt ist Weihnachten das Fest, an dem wir, die Großen und die Kleinen, unsere Angst ablegen dürfen.

○○○○○○○○○○○○○○○○○○○○○○○○○○○○○○○○○○○

Ein Weihnachtsabend mit Kindern

Man kann Weihnachten auf viele Weisen feiern. Hier ist ein Beispiel, das Sie erproben können. Wir haben nach diesem und ähnlichen Mustern durch die ganze Zeit, in der unsere Kinder zu Hause waren, gefeiert:

Wir singen ein Lied, während wir vor der Tür warten und während wir die Weihnachtsstube betreten. Wir stellen uns zunächst im Halbkreis um die Krippe, die wir selber gebaut haben, und singen dort: „Ich steh an deiner Krippen hier", dann sprechen wir miteinander — auch die Kinder können sie allmählich auswendig — die Weihnachtsgeschichte des Lukas. Dann folgt wieder ein Lied. Danach setzen wir uns bequem auf Sessel oder den Fußboden um den Christbaum, und einer liest die wunderbare

Geschichte „Die heilige Nacht" von Selma Lagerlöf. Danach singen wir noch das eine oder andere der vielen Weihnachtslieder, vielleicht mit Flöten oder Geigen oder den Instrumenten, die die Kinder zu spielen lernen. Und dann erst — das verstehen die Kinder schnell — dann erst stürzen wir uns auf die Geschenke.

Ehe die Tür aufgeht, können wir singen (nach der Melodie „Aus meines Herzens Grunde" im EKG Nr. 341):

Nun freuet euch
und preiset,
ihr Kinder fern und nah,
der euch den Vater weiset,
der heilge Christ, ist da.
Er ruft so freundlich drein
mit süßen Liebesworten:
Geöffnet sind die Pforten,
ihr Kinder, kommt herein.

Vom Him-mel hoch, o Eng-lein kommt! Ei-a, ei-a, su-sa-ni, su-sa-ni, su-sa-ni! Kommt singt und springt, kommt pfeift und trombt! Al-le-lu-ja! Al-le-lu-ja! Von Je-sus singt und Ma-ri-a!

Kommt ohne Instrumenten nit,
bringt Lauten, Harfen, Geigen mit.

Die Stimmen müssen lieblich gehn
und Tag und Nacht nit stille stehn.

Das Lautenspiel muß lauten süß,
davon das Kindlein schlafen müß.

Singt Fried den Menschen weit und breit,
Gott Preis und Ehr in Ewigkeit.

Kommet, ihr Hirten,
ihr Männer und Fraun,
kommet, das liebliche
Kindlein zu schaun!
Christus, der Herr,
ist heute geboren,
den Gott zum Heiland
euch hat erkoren.
Fürchtet euch nicht!

Lasset uns sehen
in Bethlehems Stall,
was uns verheißen
der himmlische Schall.
Was wir dort finden,
lasset uns künden,
lasset uns preisen
in frommen Weisen.
Halleluja.

Wahrlich, die Engel
verkündigen heut
Bethlehems Hirtenvolk
gar große Freud.
Nun soll es werden
Friede auf Erden,
den Menschen allen
ein Wohlgefallen.
Ehre sei Gott!

Nun folgt die Weihnachtsgeschichte des Lukas, durchaus in der Sprache von früher, die auch zu Zeiten unserer Großeltern schon am Weihnachtsabend laut wurde:

Es begab sich aber zu der Zeit, daß ein Gebot von dem Kaiser Augustus ausging, daß alle Welt geschätzt würde. Und diese Schätzung war die allererste und geschah zu der Zeit, da Cyrenius Landpfleger in Syrien war. Und jedermann ging, daß er sich schätzen ließe, ein jeglicher in seine Stadt. Da machte sich auf auch Joseph aus Galiläa, aus der Stadt Nazareth, in das jüdische Land zur Stadt Davids, die da heißt Bethlehem, darum daß er von dem Hause und Geschlechte Davids war, auf daß er sich schätzen ließe mit Maria, seinem vertrauten Weibe, die war schwanger. Und als sie daselbst waren, kam die Zeit, daß sie gebären sollte. Und sie gebar ihren ersten Sohn und wickelte ihn in Windeln und legte ihn in eine Krippe; denn sie hatten sonst keinen Raum in der Herberge.

Und es waren Hirten in derselben Gegend auf dem Felde bei den Hürden, die hüteten des Nachts ihre Herde. Und siehe, des Herrn Engel trat zu ihnen, und die Klarheit des Herrn leuchtete um sie; und sie fürchteten sich sehr. Und der Engel sprach zu ihnen: Fürchtet euch nicht! Siehe, ich verkündige euch große Freude, die allem Volk widerfahren wird; denn euch ist heute der Heiland geboren, welcher ist Christus, der Herr, in der Stadt Davids. Und das habt zum Zeichen: ihr werdet finden das Kind in Windeln gewickelt und in einer Krippe liegen. Und alsbald war da bei dem Engel die Menge der himmlischen Heerscharen, die lobten Gott und sprachen: Ehre sei Gott in der Höhe und Friede auf Erden und den Menschen ein Wohlgefallen.

Und da die Engel von ihnen gen Himmel fuhren, sprachen die Hirten untereinander: Laßt uns nun gehen nach Bethlehem und die Geschichte sehen, die da geschehen ist, die uns der Herr kundgetan hat. Und sie kamen eilend und fanden beide, Maria und Joseph, dazu das Kind in der Krippe liegen. Da sie es aber gesehen hatten, breiteten sie das Wort aus, welches zu ihnen von diesem Kinde gesagt war. Und alle, vor die es kam, wunderten sich der Rede, die ihnen die Hirten gesagt hatten. Maria aber behielt alle diese Worte und bewegte sie in ihrem Herzen. Und die Hirten kehrten wieder um, priesen und lobten Gott um alles, was sie gehört und gesehen hatten, wie denn zu ihnen gesagt war.

Dann singen wir:

Ich steh an deiner Krippe hier,
o Jesu, du mein Leben;
ich komme, bring und schenke dir,
was du mir hast gegeben.
Nimm hin, es ist mein Geist und Sinn,
Herz, Seel und Mut, nimm alles hin
und laß dir's wohl gefallen.

Ich sehe dich mit Freuden an
und kann mich nicht satt sehen;
und weil ich nun nichts weiter kann,
bleib ich anbetend stehen.
O daß mein Sinn ein Abgrund wär
und meine Seel ein weites Meer,
daß ich dich möchte fassen!

Oder das andere:

Fröhlich soll mein Herze springen
dieser Zeit, da vor Freud
alle Engel singen.
Hört, hört, wie mit vollen Chören

alle Luft laute ruft:
Christus ist geboren.

Heute geht aus seiner Kammer
Gottes Held, der die Welt
reißt aus allem Jammer.
Gott wird Mensch dir, Mensch, zugute;
Gottes Kind, das verbindet
sich mit unserm Blute.

Nun er liegt in seiner Krippen,
ruft zu sich mich und dich,
spricht mit süßen Lippen:
"Lasset fahrn, o lieben Brüder,
was euch quält, was euch fehlt:
ich bring alles wieder."

Ei so kommt und laßt uns laufen,
stellt euch ein, groß und klein,
eilt mit großen Haufen!
Liebt den, der vor Liebe brennet;
schaut den Stern, der euch gern
Licht und Labsal gönnet.

Die ihr arm seid und elende,
kommt herbei, füllet frei
eures Glaubens Hände!
Hier sind alle guten Gaben
und das Gold, da ihr sollt
euer Herz mit laben.

Die heilige Nacht

Es war an einem Weihnachtstag, alle waren zur Kirche gefahren, außer Großmutter und mir. Ich glaube, wir beide waren im ganzen Haus allein. Wir hatten nicht mitfahren können, weil die eine zu jung und die andere zu alt war.

Und alle beide waren wir betrübt, daß wir nicht zum Mettegesang fahren und die Weihnachtslichter sehen konnten.

Aber wie wir so in unserer Einsamkeit saßen, fing Großmutter zu erzählen an:

„Es war einmal ein Mann", sagte sie, „der in die dunkle Nacht hinausging, um sich Feuer zu leihen. Er ging von Haus zu Haus und klopfte an. ‚Ihr lieben Leute, helft mir!' sagte er. ‚Mein Weib hat eben ein Kindlein geboren, und ich muß Feuer anzünden, um sie und den Kleinen zu erwärmen.'

Aber es war tiefe Nacht, so daß alle Menschen schliefen, und niemand antwortete ihm.

Der Mann ging und ging. Endlich erblickte er in weiter Ferne einen Feuerschein. Da wanderte er dieser Richtung zu und sah, daß das Feuer im Freien brannte. Eine Menge weißer Schafe lagen rings um das Feuer und schliefen, und ein alter Hirt wachte über seine Herde.

Als der Mann, der Feuer leihen wollte, zu den Schafen kam, sah er, daß drei große Hunde zu Füßen des Hirten ruhten und schliefen. Sie erwachten alle drei bei seinem Kommen und sperrten ihre weiten Rachen auf, als ob sie bellen wollten, aber man vernahm keinen Laut. Der Mann sah, daß sich die Haare auf ihren Rücken sträubten, er sah, wie ihre scharfen Zähne funkelnd weiß im Feuerschein leuchteten und wie sie auf ihn losstürzten. Er fühlte, daß einer von ihnen nach seinen Beinen schnappte und einer nach seiner Hand und daß einer sich an seine Kehle hängte. Aber die Kinnladen und die Zähne, mit denen die Hunde beißen wollten, gehorchten ihnen nicht, und der Mann litt nicht den kleinsten Schaden.

Nun wollte der Mann weitergehen, um das zu finden, was er brauchte. Aber die Schafe lagen so dicht nebeneinander, Rücken an Rücken, daß er nicht vorwärts kommen konnte. Da stieg der Mann auf die Rücken der Tiere und wanderte über sie hin dem Feuer zu. Und keins von den Tieren wachte auf oder regte sich."

So weit hatte Großmutter ungestört erzählen können, aber nun konnte ich es nicht lassen, sie zu unterbrechen. „Warum regten sie sich nicht, Großmutter?" fragte ich. – „Das wirst du nach einem Weilchen schon erfahren", sagte Großmutter und fuhr in ihrer Geschichte fort.

„Als der Mann fast beim Feuer angelangt war, sah der Hirt auf. Es war ein alter, mürrischer Mann, der unwirsch und hart gegen alle Menschen war. Und als er einen Fremden kommen sah, griff er nach einem langen, spitzigen Stabe, den er in der Hand zu halten pflegte, wenn er seine Herde hütete, und warf ihn nach ihm. Und der Stab fuhr zischend gerade auf den Mann los, aber ehe er ihn traf, wich er zur Seite und sauste an ihm vorbei weit über das Feld."

Als die Großmutter so weit gekommen war, unterbrach ich sie abermals. „Großmutter, warum wollte der Stock den Mann nicht schlagen?" Aber Großmutter ließ es sich nicht einfallen, mir zu antworten, sondern fuhr mit ihrer Erzählung fort.

"Nun kam der Mann zu dem Hirten und sagte zu ihm: ,Guter Freund, hilf mir und leih mir ein wenig Feuer. Mein Weib hat eben ein Kindlein geboren, und ich muß Feuer machen, um sie und den Kleinen zu erwärmen.'

Der Hirt hätte am liebsten nein gesagt, aber als er daran dachte, daß die Hunde dem Manne nicht hatten schaden können, daß die Schafe nicht vor ihm davongelaufen waren und daß sein Stab ihn nicht fällen wollte, da wurde es ihm ein wenig bange, und er wagte es nicht, dem Fremden das abzuschlagen, was er begehrte. ,Nimm, soviel du brauchst', sagte er zu dem Manne.

Aber das Feuer war beinahe ausgebrannt. Es waren keine Scheite und Zweige mehr übrig, sondern nur ein großer Gluthaufen, und der Fremde hatte weder Schaufel noch Eimer, worin er die roten Kohlen hätte tragen können.

Als der Hirt dies sah, sagte er abermals: ,Nimm, soviel du brauchst!' Und er freute sich, daß der Mann kein Feuer wegtragen konnte. Aber der Mann beugte sich hinunter, holte die Kohlen mit bloßen Händen aus der Asche und legte sie in seinen Mantel. Und weder versengten die Kohlen seine Hände, als er sie berührte, noch versengten sie seinen Mantel, sondern der Mann trug sie fort, als wenn es Nüsse oder Äpfel gewesen wären."

Aber hier wurde die Märchenerzählerin zum drittenmal unterbrochen. "Großmutter, warum wollte die Kohle den Mann nicht brennen?"

"Das wirst du schon hören", sagte Großmutter, und dann erzählte sie weiter.

"Als dieser Hirt, der ein so böser, mürrischer Mann war, dies alles sah, begann er sich bei sich selbst zu wundern: ,Was kann dies für eine Nacht sein, wo die Hunde die Schafe nicht beißen, die Schafe nicht erschrecken, die Lanze nicht tötet und das Feuer nicht brennt?' Er rief den Fremden zurück und sagte zu ihm: ,Was ist dies für eine Nacht? Und woher kommt es, daß alle Dinge dir Barmherzigkeit zeigen?'

Da sagte der Mann: ,Ich kann es dir nicht sagen, wenn du selber es nicht siehst.' Und er wollte seiner Wege gehen, um bald ein Feuer anzuzünden und Weib und Kind wärmen zu können.

Aber da dachte der Hirt, er wolle den Mann nicht ganz aus dem Gesicht verlieren, bevor er erfahren hätte, was dies alles bedeute. Er stand auf und ging ihm nach, bis er dorthin kam, wo der Fremde daheim war.

Da sah der Hirt, daß der Mann nicht einmal eine Hütte hatte, um darin zu wohnen, sondern er hatte sein Weib und sein Kind in einer Berggrotte liegen, wo es nichts gab als nackte, kahle Steinwände.

Aber der Hirt dachte, daß das arme unschuldige Kindlein vielleicht dort in der Grotte erfrieren würde, und obgleich er ein harter Mann war, wurde er davon doch ergriffen und beschloß, dem Kinde zu helfen. Und er löste sein Ränzel von der Schulter und nahm daraus ein weiches, weißes Schaffell hervor. Das gab er dem fremden Manne und sagte, er möge das Kind darauf betten.

Aber in demselben Augenblick, in dem er zeigte, daß auch er barmherzig sein konnte, wurden ihm die Augen geöffnet, und er sah, was er vorher nicht hatte sehen, und hörte, was er vorher nicht hatte hören können.

Er sah, daß rund um ihn ein dichter Kreis von kleinen, silberbeflügelten Englein stand. Und jedes von ihnen hielt ein Saitenspiel in der Hand, und alle sangen sie mit lauter Stimme, daß in dieser Nacht der Heiland geboren wäre, der die Welt von ihren Sünden erlösen solle.

Da begriff er, warum in dieser Nacht alle Dinge so froh waren, daß sie niemand etwas zuleide tun wollten.

Und nicht nur rings um den Hirten waren Engel, sondern er sah sie überall. Sie saßen in der Grotte, und sie saßen auf dem Berge, und sie flogen unter dem Himmel. Sie kamen in großen Scharen über den Weg gegangen, und wie sie vorbeikamen, blieben sie stehen und warfen einen Blick auf das Kind.

Es herrschte eitel Jubel und Freude und Singen und Spiel, und das alles sah er in der dunklen Nacht, in der er früher nichts zu gewahren vermocht hatte. Und er wurde so froh, daß seine Augen geöffnet waren, daß er auf die Knie fiel und Gott dankte."

Aber als Großmutter so weit gekommen war, seufzte sie und sagte: „Aber was der Hirte sah, das könnten wir auch sehen, denn die Engel fliegen in jeder Weihnachtsnacht unter dem Himmel, wenn wir sie nur zu gewahren vermögen."

Und dann legte Großmutter ihre Hand auf meinen Kopf und sagte: „Dies sollst du dir merken, denn es ist so wahr, wie daß ich dich sehe und du mich siehst. Nicht auf Lichter und Lampen kommt es an, und es liegt nicht an Mond und Sonne, sondern was not tut, ist, daß wir Augen haben, die Gottes Herrlichkeit sehen können."

Selma Lagerlöf

Zu Beth-le-hem ge-bo-ren ist uns ein Kin-de-lein, das hab ich aus-er-ko-ren, sein ei-gen will ich sein. Ei-a, ei-a, sein ei-gen will ich sein.

In seine Lieb versenken
will ich mich ganz hinab.
Mein Herz will ich ihm schenken
und alles, was ich hab.
Eia, eia, und alles, was ich hab.

Es ist ein Ros entsprungen
aus einer Wurzel zart,
wie uns die Alten sungen;
von Jesse kam die Art
und hat ein Blümlein bracht
mitten im kalten Winter
wohl zu der halben Nacht.

Das Röslein, das ich meine,
davon Jesaja sagt,
hat uns gebracht alleine
Marie, die reine Magd,
aus Gottes ewgem Rat
hat sie ein Kind geboren
wohl zu der halben Nacht.

Das Blümelein so kleine,
das duftet uns so süß;

mit seinem hellen Scheine
vertreibt's die Finsternis:
Wahr' Mensch und wahrer Gott,
hilft uns aus allem Leide,
rettet von Sünd und Tod.

Maria durch ein Dornwald ging,
Kyrie Eleison.
Maria durch ein Dornwald ging,
der hatt' in sieben Jahr'n
kein Laub getragen.
Jesus und Maria.

Was trug Maria unter ihrem Herzen?
Kyrie Eleison
Ein kleines Kindlein ohne Schmerzen,
das trug Maria unter ihrem Herzen.
Jesus und Maria.

Da haben die Dornen Rosen getragen.
Kyrie Eleison.
Als das Kindlein durch den
Wald getragen,
da haben die Dornen Rosen getragen.
Jesus und Maria.

Aus Oberhessen und Schlesien

Auf dem Ber - ge, da we - het der Wind, da wiegt die Ma - ri - a ihr

Kind, sie wiegt es mit ih - rer schnee - wei - ßen Hand, sie

hat _ da - zu _ kein Wie - gen-band {"Ach Jo - sef, lie - ber

ach hilf mir doch wie-gen mein

Jo - sef mein, } "Wie soll ich dir denn dein Kind - lein wiegn? Ich
Kin - de - lein."}

kann ja kaum sel - ber die Fin - ger biegn." Schum, schei, schum, schei.

Tisch- und Abendverse für die Weihnachtszeit

Lob, Preis und Dank, Herr Jesu Christ,
sei dir von mir gesungen,
daß du mein Bruder worden bist
und hast die Welt bezwungen.
Hilf, daß ich deine Gütigkeit
stets preis in dieser Gnadenzeit
und mög hernach dort oben
in Ewigkeit dich loben.

✳

Süßes Heil, laß dich umfangen,
laß mich dir, meine Zier,
unverrückt anhangen.
Du bist meines Lebens Leben;
nun kann ich mich durch dich
wohl zufrieden geben.

○○○○○○○○○○○○○○○○○○○○○○○○○○○○○○○○

Warum eigentlich betet man?

Vielleicht fragen Sie sich, warum eigentlich man beten solle. Vielleicht auch brauchen Sie so nicht zu fragen, weil Ihnen das Gebet selbstverständlich ist. Aber eines Tages stellt Ihr Kind diese Frage: „Warum soll ich beten? Wo ist denn der Gott? Warum hören wir nichts von ihm? Kann denn der alle Leute hören?" Dann ist es gut, wenn Sie selbst wissen, warum Sie Ihrem Kind ein Gebet vorsprechen.

Im Grunde ist es einfach. Gehe ich davon aus, es sei kein Gott, dann ist das Gebet sinnlos. Dann bleibt es eine Art Meditationsübung, aber es ist kein Gebet. Gehe ich davon aus, es sei ein Gott, der hört, dann ist es die natürlichste Sache der Welt. Denn dann ist Gott die umfassendste Wirklichkeit überhaupt. Dann ist er nah. Dann ist er um uns her, so nah wie die Dinge, so nah wie wir uns selbst sind. Dann sind wir „in Gott" und nicht anderswo.

Und wie steht es mit dem Hören? Vor Jahrtausenden schon hat einer die Frage, ob denn Gott sehen und hören kann, mit der Gegenfrage beantwortet: „Der das Auge gemacht hat, sollte der nicht sehen? Der das Ohr gemacht hat, sollte der nicht hören?" Wir könnten ergänzen: Der uns die Offenheit für fremde Stimmen gegeben hat, sollte der nicht für uns offen sein?

Und kann denn Gott „alle" hören? Wir sollten vielleicht einmal prüfen, ob unser Bild von Gott nicht ein wenig zu klein ausgefallen ist. Ob wir dabei nicht an einen Beamten denken, der hinter seinem Schalter sitzt, der immer nur einen bedienen kann und vor dem die Antragsteller in langer Schlange zu warten haben. Es könnte doch sein, daß wir unser Bild von Gott an uns abnehmen oder einem anderen Menschen, aber nicht an dem, was wir von Gott wissen könnten.

Jesus hat über das Gebet immer wieder gesprochen, und zwar so, daß es scheint, es habe für ihn überhaupt kein Problem enthalten. Er sagte: „Euer Vater weiß, was ihr braucht, ehe ihr ihn bittet", oder: „Euer Vater sieht in das Verborgene", oder: „Euer Vater sorgt für euch." Und wenn ihr euch eine Million Spatzen vorstellt, „dann fällt doch keiner vom Ast, wenn Er nicht will".

Als seine Mitarbeiter fragten: Was und wie sollen wir denn beten?, da gab er ihnen das Vaterunser:

Vater unser im Himmel.
Geheiligt werde dein Name.
Dein Reich komme.
Dein Wille geschehe,
wie im Himmel, so auf Erden.
Unser tägliches Brot gib uns heute.
Und vergib uns unsere Schuld,
wie auch wir vergeben
unsern Schuldigern.
Und führe uns nicht in Versuchung,
sondern erlöse uns von dem Bösen.
Denn dein ist das Reich
und die Kraft und die Herrlichkeit
in Ewigkeit. Amen.

Das Vaterunser ist das einfachste und das reichste Gebet, das wir kennen. Spricht man es mit Kindern, so kann es einem geschehen, daß man plötzlich etwas versteht, was einem bislang verborgen war. Als eine unserer Töchter, fünfjährig, mit ihrer Großmutter das Vaterunser betete, richtete sie sich nach dem Amen plötzlich im Bett auf und sagte klar und energisch: „Aber meine Kraft will ich selber behalten, und meine Herrlichkeit gebe ich auch nicht her!"

Daß es tatsächlich um ein solches Hergeben geht und ein solches Annehmen der eigenen Begrenztheit, das hat das Kind begriffen. Aber es geht ja nicht nur um ein Hergeben allein, sondern darum, daß die Kraft und die Herrlichkeit, die wir für unser Leben brauchen, bei Gott in Fülle für uns da sind.

Das Gebet ist nicht eigentlich das Problem. Das Problem liegt bei uns selbst. Was uns modernen Menschen fast vollkommen fehlt, ist die Fähigkeit, uns mit allen Gedanken und Sinnen einem unsichtbaren Gegenüber zuzuwenden. Wir lernen das Schweigen nicht mehr, auch das innerliche nicht. Wir lernen nicht mehr, auf ein lautloses Wort zu hören, etwas nicht Sichtbares wahrzunehmen oder auch in einem einfachen Ding mehr zu sehen als nur das einfache Ding.

Man kann vor einem Baum stehen und dabei das Einwurzeln einüben, das Wachsen und Sichausbreiten. Man kann einen großen, runden Stein in der Hand halten und sich das Licht vorstellen, das

in dem kompakten, dunklen Stein ist. Wer das kann, für den ist der Gedanke, Gott sei in allen Dingen gegenwärtig, fast selbstverständlich. Zur Einübung ins Beten gehört auch, daß man die Ehrfurcht wieder lernt, die ganz und gar unmoderne, ein Geheimnis gelten zu lassen, auch wenn andere sagen: Ich glaube nur, was ich sehe. Zur Einübung ins Beten gehört, daß man sich mit solchen und anderen scheinbar vernünftigen Sprüchen nicht um seine seelischen und geistigen Fähigkeiten und am Ende um die Wahrheit bringt.

Nichts hilft uns so sehr, in unsere eigentliche Gestalt hineinzuwachsen, wie das Gebet. Es ist eine Übung in seelischer Offenheit und geistiger Klarheit wie kaum sonst etwas, und es ist vor allem eine Einübung in die große Wirklichkeit, die Gott heißt und die unser Dasein begründet und begrenzt. Ein Beispiel, wie solche Einübung geschehen kann, bietet das Buch „Wie wir beten können".

Am Ende eines Gebets sagen wir „Amen". Das heißt: Ja, so ist es; so soll es werden; so soll es geschehen. Oder: Das ist wahr. Das steht fest. Es steht so fest, wie Gott gegenwärtig und verläßlich ist. Wer es sagt, fängt selbst an, fest zu stehen und er selbst zu sein: er selbst vor Gott.

ooooooooooooooooooooooooooooooo

48

In einem leeren Haselstrauch
da sitzen drei Spatzen
Bauch an Bauch.

Der Erich rechts
und links der Franz
und mitten drin der freche Hans.

Sie haben die Augen zu, ganz zu,
und obendrüber, da schneit es, hu!

Sie rücken zusammen dicht an dicht.
So warm wie der Hans
hat's niemand nicht.

Sie hör'n alle drei
ihrer Herzlein Gepoch.
Und wenn sie nicht weg sind,
so sitzen sie noch.

Zum neuen Jahr

Vater im Himmel,
zu dir kommen wir.
Zum letzten Mal in diesem Jahr.
Bei dir sind wir zu Hause.
Für dich gibt es nicht „heute"
und nicht „morgen".
Für dich gibt es keine Zeit.
Ehe die Berge entstanden,
ja die Erde und die ganze Welt,
bist du immer gewesen wie heute
und im neuen Jahr.

Die Menschen, die heute leben,
werden einmal sterben.
Andere Menschen kommen in diese
Welt, wenn du sie rufst:
Kommt, ihr Menschenkinder!
Für dich aber sind tausend Jahre
kurz wie ein Tag
und wie ein paar Stunden Schlaf
in der Nacht.

Die Menschen kommen und gehen
wie Wasser in einem großen Strom.
Sie sind wie Blumen,
die gestern aus der Erde kamen
und morgen welk sind.
Sie gehen auf und blühen,
und am Abend sind sie verdorrt.

Dir danken wir, daß wir leben dürfen.
Jeder Tag soll voll Liebe sein.
Jeden Tag hilf du uns,
daß unser Werk gelingt,
heute, morgen
und das ganze neue Jahr. Amen.

Nach Psalm 90

Von guten Mächten
wunderbar geborgen,
erwarten wir getrost, was kommen mag.
Gott ist mit uns am Abend
und am Morgen
und ganz gewiß an jedem neuen Tag.

*

In ihm sei's begonnen,
der Monde und Sonnen
an blauen Gezelten
des Himmels bewegt.
Du, Vater, du rate,
lenke du und wende,
Herr, dir in die Hände
sei Anfang und Ende,
sei alles gelegt.

*

Herr und Gott Himmels und der Erde,
die Zeiten des Jahres
führen uns immer wieder vom Anfang
zum Ende, vom Ende zum Anfang.

Wenn ein Jahr vergangen ist,
bist du einmal mit uns
den Weg gegangen,
dem unser Leben folgt.

Wir legen, was war, in deine Hände.
Glück und Unglück,
Gelingen und Verschulden.
Wir gehen diese letzten Schritte
des Jahres
an deiner Hand und wissen:
Auch den letzten unseres Lebens
wirst du mit uns gehen.

Wenn wir aber den letzten Schritt
gegangen sind,

nimmst du uns auf
in dein heiliges Reich,
in dem alle Dinge
um dich kreisen
wie der Lauf der Jahre,
den du hier mit uns gehst.

Wir gehen nach deinem Willen
durch die Jahre, die du uns gibst.
Beginne den neuen Weg mit uns.
Gib uns Treue,
daß wir einander nicht verlassen.
Gib uns Frieden,

daß wir unsere Tage
nicht im Streit verbringen.

Dein sind wir in dieser Zeit
und von Ewigkeit zu Ewigkeit. Amen.

Zu der Geschichte von den drei
Weisen aus dem Morgenland, die wir
den Kindern in den Tagen nach Neujahr
erzählen können, und zu einem der vielen Bilder, die zu diesem Thema vor-
handen sind, können wir uns ein paar
Verse einprägen:

1. Drei Kö-ni-ge aus dem Mor-gen-land, die zo-gen her von fern. Der

Weg war ih-nen un-be-kannt. Es führ-te sie ein Stern.

Sie wollten gern das Kindlein sehn,
den König aller Welt.
Der Stern blieb überm Stalle stehn
zu Bethlehem im Feld.

Sie traten ein und sahn das Kind.
Da freuten sie sich sehr.

Sie fielen auf die Knie geschwind
und legten alles her:

Gold, Weihrauch, Myrrhe brachten sie
dem Kind zum Opfer dar,
das da, so arm im Stall beim Vieh,
ihr Gott und König war.

Der Vorfrühling steht im Zeichen der Passion

Was sagen wir einem Kind über die Leidensgeschichte?

Was sagen wir ihm über die Krankheit und das Sterben?

Irgendwann gerät jedes aufmerksame Kind an die Erfahrung, daß ein Mensch stirbt, und macht es sich seine Gedanken darüber. Irgendwann geht es über einen Friedhof und sieht die Grabmale der Verstorbenen. Irgendeinmal sieht es ein Kreuz, an dem ein Mann hängt, und es fragt: Wer ist das? Warum hängt er dort? Es begegnet dem Ur-Rätsel des Menschenlebens und braucht eine Antwort. Oder besser: Es braucht einen Menschen, der ihm freundlich und gelassen und klar Auskunft gibt. Nicht eine Auskunft, die alles erklärt, sondern eine, hinter der ein Mensch mit seinem Glauben steht.

Der christliche Glaube ist ja nicht ein kompliziertes System von Gedanken, sondern eine im Grunde einfache Überzeugung. Die lautet so: Ich lebe. Und wenn ich sterbe, weckt mich Gott neu, und ich werde leben. Das ist zunächst alles, und nichts ist so wichtig, als daß ein Kind das so einfach sehen und festhalten lernt: Wir sind ein Weilchen hier, zehn oder dreißig oder achtzig Jahre lang vielleicht, und Gott ist die ganze Zeit über bei uns. Dann sind wir auf eine neue Weise bei Gott. Der Tod ist ein Durchgang. Manchmal ein langer und trauriger, und manchmal ist er mit einer schweren Krankheit und viel Schmerzen verbunden, aber er ist ein Durchgang. Die Toten leben, und auch wir werden leben.

Irgendwo haben wir einmal ein Märchen gefunden. Ein sehr einfaches und dabei wunderbar deutliches:

Ein Hirt saß bei seiner Herde am Ufer
eines großen Flusses,
der am Rande der Welt fließt.
Wenn er Zeit hatte,
schaute er über den Fluß
und spielte auf seiner Flöte.

Eines Abends kam der Tod
über den Fluß herüber
und sagte: Ich komme
und möchte dich mitnehmen
auf die andere Seite.
Hast du Angst?

Warum Angst? fragte der Hirt.
Ich habe immer hinübergeschaut
über den Fluß, seit ich hier bin.
Ich weiß, wie es dort ist.

Da legte ihm der Tod
die Hand auf die Schulter,
und der Hirt stand auf
und fuhr mit ihm über den Fluß,
als wäre nichts.

Das Land am anderen Ufer
war ihm nicht fremd,
und die Töne seiner Flöte,
die der Wind
hinübergetragen hatte,
waren noch da.

„Ich habe immer hinübergesehen", sagte der Hirte. Das hatte ihn aber nicht ängstlicher oder unruhiger gemacht, sondern ihm im Gegenteil eine Gelassenheit gegeben, mit der er sein Leben und dann auch seinen Tod bestehen konnte. Und wir machen sicher einen Fehler, wenn wir versuchen, ein Kind an der Tatsache, daß wir alle sterben müssen, ohne ein helfendes und deutendes Wort einfach vorbeizuführen.

Es gehört ja auch für uns Erwachsene zur schlichten Lebensweisheit, immer wieder über die Grenzen hinaus zu denken, die uns gesteckt sind. Wir sehen ja nie alles. Die Welt ist immer größer als wir meinen und hat Geheimnisse, die uns nun einmal verschlossen sind. Manches beginnen wir erst zu ahnen, wenn wir uns an das Ufer setzen, an dem unser Wissen endet. Und das können auch Kinder ohne Mühe verstehen.

An diesem Ufer verändert sich dann vieles, das wir bis dahin für wichtig oder unwichtig gehalten haben. Manches, mit dem wir in dieser Welt keine großen Erfolge erzielen, wird wichtig, und am Ende ist nur noch wichtig, was das Herz bewegt. Nur die Liebe bleibt, sagt die Bibel. Und das Märchen sagt: Was in uns zu klingen anfängt, das nimmt der Wind über den Fluß. Das ist da, wenn wir hinüberkommen, und macht uns die andere Welt vertraut.

Und wenn wir so hinübersehen, dann denken wir an die Toten, die wir geliebt haben, und legen sie Gott ans Herz. Denn das Gebet findet den Weg hinüber. Und wichtig ist auch, daß wir einander an dieser Grenze nicht allein lassen. Wenn ein Mensch stirbt, dann setzen wir uns sozusagen neben ihn ans Ufer und zeigen ihm, was drüben ist. Bis Gott ihm die Hand auf die Schulter legt und sagt: Komm!

Darüber kann man reden, wann immer es nötig scheinen mag, aber in der Passionszeit liegt es besonders nahe. Wir können so gelassen darüber sprechen, weil wir das Bild des sterbenden Christus vor Augen haben. Wir stellen uns in die Richtung, in die Jesus Christus gesehen hat, wenn er von der Auferstehung der Toten sprach. Wir gehen mit ihm durch die Passionszeit hindurch auf die Auferstehung zu. Das ist der Sinn dieser Wochen.

Was die Leidensgeschichte erzählt

Wir können unseren Kindern in dieser Zeit durchaus die ganze Geschichte vom Leiden und Sterben, die Geschichte von Jesus, erzählen. Vielleicht versuchen wir es mit ganz eigenen Worten, vielleicht etwa so:

Du weißt noch,
wer das Kind war an Weihnachten,
in der Krippe?
Das war Jesus.
Der blieb nicht klein,
sondern wurde ein großer Mann.
Er wurde ein Arzt und Lehrer,
ein Freund der Armen und Leidenden.

Er hat vielen Menschen geholfen.
Er hat den Blinden die Augen
heil gemacht,
so daß sie wieder sehen konnten.
Er hat Gelähmten Kraft gegeben,
daß sie wieder gehen konnten.
Er hat viele Kranke geheilt
und hat ihnen allen gesagt,
daß Gott, der Vater im Himmel,
sie liebt wie alle anderen Menschen.

Er ging zu denen hin,
mit denen keiner mehr reden wollte,
weil sie etwas Böses getan hatten,
und sagte zu ihnen:
Wenn es euch leid ist,
dann soll alles wieder gut sein.
Dann dürft ihr wieder zu den
anderen gehören
und fröhlich sein und wissen,
daß Gott euch nicht verlassen hat.

Aber das ist eben so bei den Menschen:
Wenn sie miteinander streiten,
dann wollen sie nicht,
daß einer dazwischentritt
und Frieden machen will.
Dann wollen sie weiter streiten
und recht haben
und übereinander sagen:
Du bist schuld! Du bist böse!
Und weil Jesus Frieden machen wollte,
haben sie ihn gehaßt
und weggestoßen,
und zuletzt haben sie ihn gefangen
und schrecklich umgebracht.

Sie haben gesagt:
Wir wollen nichts wissen

von deinem Vater im Himmel.
Und wenn du sagst,
du kämst von ihm,
und er habe dich zu uns geschickt,
dann lügst du.

So haben sie ihn in einer dunklen Nacht
in einem Garten gefangengenommen.
Sie haben ihn verklagt und verurteilt
wie einen Verbrecher.
Und weil man Verbrecher damals
grausam quälen wollte,
ehe man sie umbrachte,
hat man ihn an ein Holzkreuz genagelt
und dort sterben lassen.

Aber da hat Gott seinen Freunden,
den Jüngern, gezeigt,
daß es doch wahr gewesen ist,
was Jesus gesagt hat:
Am dritten Tag hat Gott Jesus
aus dem Tod aufgeweckt,
und seine Freunde haben ihn gesehen
und mit ihm gesprochen
und wurden wieder froh dabei.
Er kam nicht zurück
in das gewöhnliche Leben
der Menschen,
sondern ging hinüber ans andere Ufer,
in die unsichtbare Welt,
heim zu Gott, seinem Vater.

Aber nicht so, daß er nun
weit weg wäre von uns.
Er ist immer noch ganz nahe,
und wir können mit ihm sprechen.
Und wenn wir selber sterben,
dann begegnen wir ihm
und freuen uns und sind glücklich.

Darum haben wir auch jetzt schon
keine Angst vor dem Tod.
Wenn eins traurig ist oder krank,
können wir einander trösten.

Und wenn eines leiden muß,
bleiben wir bei ihm.
Und wenn jemand von uns
böse gewesen ist,
brauchen wir es ihm nicht nachzutragen.
Wir können einander liebbehalten,
und wenn Streit war,
können wir wieder gut miteinander sein.

Denn das hat Jesus gewollt:
daß wir Frieden miteinander haben
und glücklich sind.
Jetzt und im ewigen Leben.
Und an Ostern
erzähle ich dir mehr davon.

*

Lieber Vater im Himmel,
du hast uns für eine kleine Weile
hierhergeschickt auf die Erde,
und eines Tages wirst du uns
zurückholen
in dein heiliges und schönes Reich.

Jeden Tag holst du Menschen
zu dir zurück: viele, die krank sind,
viele, die auf der Straße umkommen,
viele, die alt und müde sind.
Wir denken an sie alle.

Wir bitten dich aber auch für die,
die zurückbleiben:
die Kinder, die keinen Vater mehr
haben oder keine Mutter,
die Mütter,

die ein Kind hergeben mußten
oder keinen Mann mehr haben.
Du hast auch sie lieb.
Bleibe bei ihnen und hilf ihnen.

Wir danken dir,
daß wir beieinander sind.
Zeig uns jeden Tag,
wie wir einander
Freude machen können.
Laß uns lange beieinander sein
und tue uns, wenn du es willst,
die Tür auf,
daß wir zu dir heimkommen.

oooooooooooooooooooooooooooooooooo

Wo sind die Toten?

Eines Tages fragt uns unser Kind:
Wo sind eigentlich die Toten? Es hat gesehen, wie man einen Sarg in die Erde
gesenkt hat, und darin lag der Großvater. Wo ist der Großvater nun? Ist es
nicht kalt für ihn im Grab? Wird er nicht
naß, wenn es regnet? Ist es nicht
schrecklich eng und dunkel da unten in
der Erde?

Aber das können wir verhältnismä-
ßig leicht erklären: Unseren Körper
brauchen wir auf dieser Erde hier. Wenn
wir hinübergehen in das andere Leben,
brauchen wir ihn nicht mehr. Der Körper
ist wie ein Kleid. Ein Kleid ist wichtig,
wenn es kalt ist und der Wind weht. Es
macht warm und kann auch schön sein.
Aber abends, wenn wir schlafen gehen,
ziehen wir unser Kleid aus und hängen
es an die Tür oder über einen Stuhl.

Wenn jemand stirbt, zieht er seinen Körper aus wie ein Kleid. Das Kleid legt man in die Erde. Man braucht es nicht mehr. Der Mensch bekommt von Gott ein neues Kleid, und das ist noch schöner als das, das er hier getragen hat.

Da unten im Grab liegt also nicht der Großvater. Der ist anderswo, wohin wir ihn nicht begleiten können. Aber wir gehen immer wieder zu seinem Grab und schmücken es mit Blumen, weil wir ihn noch immer lieben und an ihn denken. Und wir danken Gott, daß wir ihn nicht nur in ein Grab, sondern vor allem in seine Hände legen durften.

Nach einem Gespräch dieser Art sprechen wir abends vielleicht dieses Lied, oder wenn wir das können, singen wir es:

Nun ruhen alle Wälder,
Vieh, Menschen, Städt und Felder,
es schläft die ganze Welt;
ihr aber, meine Sinnen,
auf, auf, ihr sollt beginnen,
was eurem Schöpfer wohlgefällt!

Der Tag ist nun vergangen,
die güldnen Sternlein prangen
am blauen Himmelssaal.
Also werd ich auch stehen,
wann mich wird heißen gehen
mein Gott aus diesem Jammertal.

Der Leib eilt nun zur Ruhe,
legt Kleider ab und Schuhe,
das Bild der Sterblichkeit.
Die zieh ich aus, dagegen

wird Christus mir anlegen
das Kleid der Ehr und Herrlichkeit.

Breit aus die Flügel beide,
o Jesu, meine Freude,
und nimm dein Küchlein ein.
Will Satan mich verschlingen,
so laß die Englein singen:
„Dies Kind soll unverletzet sein."

Auch euch, ihr meine Lieben,
soll heute nicht betrüben
ein Unfall noch Gefahr.
Gott laß euch selig schlafen,
stell euch die güldnen Waffen
ums Bett und seiner Engel Schar.

ooooooooooooooooooooooooooooooooo

Wie „lieb" ist der „liebe Gott"?

Ein Kind prägt sich im Lauf der Zeit ein Bild von Gott ein. Gott ist so und auch so und vielleicht auch so. Groß, gewaltig, gütig, grausam, freundlich, überlegen, fern, untätig oder wie immer das Kind ihn versteht.

Wir werden als Eltern versuchen, dieses Gottesbild mitzuprägen, damit es nicht falsch wird. Denn es muß ja auch später noch gelten können, wenn das Kind ein junger Mensch und wenn es ein Erwachsener ist. Natürlich wächst das Bild von Gott mit dem Kind und seiner Einsicht und Erfahrung, und natürlich eröffnen sich uns von einer Lebensphase zur anderen immer wieder neue Aspekte dieses Bildes, aber was wir dem Kind sagen, muß so sein, daß es damit älter werden kann.

Gott ist also auch für das Kind niemals der harmlose „liebe Gott". „Gott ist Liebe", das ist wahr. Aber das gilt ja auch, wenn eines Tages vom „lieben Gott" nichts mehr übrig bleibt, wenn Gott dunkel und rätselvoll wird; und daß Gott die Liebe sei, wird für einen Erwachsenen immer ein Glaube auch gegen den Augenschein und gegen alle Erfahrung sein. Wenn ein Mensch leidet, hat das mit Gott zu tun, aber mit einem ernsthaften, heiligen Gott, dessen Gedanken wir nicht kennen, dessen Wege wir nicht verstehen, dessen Absichten uns dunkel sind.

Wenn wir aber der Liebe Gottes dennoch vertrauen, dann deshalb, weil wir uns an Jesus halten und an das, was er über Gott sagt und von Gott zeigt. Wenn Jesus in seinem schrecklichen Sterben sagt: „In deine Hände befehle ich meinen Geist", dann haben auch wir einen solchen Weg: Wir vertrauen ihm die Menschen an, die in Not und Elend sind, krank oder verlassen. Wir tun, was wir können, ihre Leiden zu lindern, aber wir vertrauen sie am Ende immer der Liebe Gottes an. Wir üben das auch schon mit unseren Kindern ein, denn das können sie durchaus verstehen. Und es ist für sie wichtig, zu erleben, daß auch die großen Erwachsenen nicht für alles eine Lösung haben, daß sie aber trotz aller Rätsel und Schwierigkeiten ihr Vertrauen bewahren.

In diesem Zusammenhang werden wir auch in unserem Gebet immer wieder über den engen Rahmen unserer eigenen Familie hinaussehen und an die Menschen denken, die auf irgendeine Weise zu leiden haben, an Kranke, Gefangene, Gefährdete. Wir haben einen Jungen im Rollstuhl gesehen und denken abends an ihn. Wir sind an einem Krankenhaus vorbeigekommen und denken an die vielen Menschen in den vielen Betten. Wir haben einen Säufer mit seiner Flasche auf einer Bank im Park sitzen sehen und überlegen mit unseren Kindern, warum er wohl das Trinken angefangen hat. Wir bekommen einen Prospekt von einem Heim für behinderte oder milieugeschädigte Kinder in den Briefkasten und breiten ihr Schicksal am Abend vor Gott aus.

Das Fürbittegebet für die vielen Menschen ist für Kinder so wichtig wie für die Erwachsenen. Denn auch ein Kind lebt in der großen Welt, in der die Kriege sind und der Hunger und das Elend. Das Fernsehen zeigt Bilder des Schreckens, bei Tisch reden wir von den Katastrophen, die in der Zeitung standen, und das Abendgebet ist der richtige Ort, an dem all das aufgenommen und Gott anvertraut werden kann. Vielleicht sprechen wir einen Abendvers, dann einen der folgenden Abschnitte und am Ende wieder einen Abendvers.

○○○○○○○○○○○○○○○○○○○○○○○○○○○○○○

Fürbitte

Vater im Himmel, Gott und Herr.
Es ist Abend.
Wir legen uns schlafen.
Wir bitten dich: Behüte uns.

Aber ehe wir einschlafen,
denken wir an alle,
die kein warmes Bett haben.
An die Kinder, die keine Mutter
und keinen Vater haben.
An die Mütter und Väter,
die Angst haben um ihr Kind,
weil es krank ist,
oder die verzweifeln,
weil sie ihm nichts zu essen geben
können.

Wir denken an die vielen Menschen,
die im Krankenhaus liegen
und Schmerzen haben und schwach sind,
die Angst haben
und vielleicht sterben müssen.
Es sind so viele.

Wir denken an die Männer und Frauen,
die heute nacht arbeiten müssen.
Bei der Eisenbahn oder in der Fabrik
oder im Krankenhaus
oder im Elektrizitätswerk.
Gib ihnen einen guten Schlaf,
wenn es wieder Morgen wird.

Wir denken an die,
die man Verbrecher nennt,
die so unglücklich sind,

daß sie andere Menschen überfallen
und ausrauben und verletzen
oder gar töten.
Sie sind deine Kinder und möchten
irgendwo zu Hause sein bei einem
Menschen, der sie liebt.

Wir denken an die Familien,
denen der Krieg das Haus zerstört hat,
die vertrieben werden
aus ihrem Land
und die irgendwo hingehen müssen,
wo sie fremd sind,
wo sie niemand kennt
und niemand sie haben will.

Wir denken an die Kinder
in Afrika und in anderen Ländern,
die jeden Tag hart arbeiten müssen,
damit wir Schokolade haben
und Kaffee,
Reis und Apfelsinen,
und die von den guten Dingen,
die auf unserm Tisch sind,
nichts bekommen.

Hilf uns, daß wir zusammenhalten
und zusammenbleiben
und dazu beitragen,
daß mehr Menschen
miteinander glücklich sind.

Wir bitten dich:
Laß deinen Frieden kommen.
Wir danken dir,
daß du Frieden gibst.

Danach können wir mit einem Vers schließen, mit dem wir alles Gesagte in Gottes Hand legen:

Weil denn weder Ziel noch Ende
sich in Gottes Liebe findt,
ei so heb ich meine Hände
zu dir, Vater, als dein Kind,
bitte, wollst mir Gnade geben,
dich aus aller meiner Macht
zu umfangen Tag und Nacht
hier in meinem ganzen Leben,
bis ich dich nach dieser Zeit
lob und lieb in Ewigkeit.

Osterzeit

Das übliche Ostern mit Hasen und Lämmchen und bunten Eiern hat zwar mit dem christlichen Glauben nichts zu tun, aber es ist ein schönes und lustiges Spiel, das wir gerne mitspielen, mit Verstecken und Suchen und vielen guten, süßen Dingen. Warum nicht?

Wollen wir aber das eigentliche, das christliche Ostern feiern, dann werden wir den Kindern sagen, was sich an Ostern ereignet hat. Wir werden die Geschichten erzählen, die wir am Ende der einzelnen Evangelien finden. Zum Beispiel diese:

Der Ostertag war für die Freunde
von Jesus
ein trauriger Tag.
Wenigstens der Morgen fing traurig an.
Jesus war tot, und sie wußten nicht,
wie es weitergehen sollte.
Die einen sagten: Ich gehe nach Hause.
Es hat doch alles keinen Wert mehr.
Die anderen:
Nein, laßt uns beieinander bleiben.
Das ist jetzt das Wichtigste.

Am Nachmittag traf Kleophas seinen Freund:
Hast du schon gehört?
Was? fragte der.
Das, was Maria gesagt hat?
Nein.
Sie hat erzählt,
sie habe einen Engel gesehen,
der habe gesagt, Jesus sei lebendig
und nicht mehr tot.

Der andere schüttelte den Kopf:
Die hat sich was eingebildet.
Übrigens, ich habe in Emmaus zu tun.
Gehst du mit?
Dann können wir darüber reden.
Und sie gingen miteinander
über die Felder.

Unterwegs trafen sie einen,
der gerade denselben Weg ging.
So gingen sie zu dritt,
und der Fremde fragte:
Von wem redet ihr?
Da blieben sie traurig stehen
und sagten:
Du bist wohl der einzige
im ganzen Land,
der noch nichts von Jesus gehört hat!
Den hätten sie zum König
machen sollen,
statt dessen haben sie ihn umgebracht.
Und von dem erzählten heute morgen
ein paar Frauen,
sie hätten sein Grab besucht.
Da sei ihnen ein Engel begegnet
und habe gesagt,
er sei nicht mehr tot,
sondern lebendig.

Das ist wahr, sagte der Fremde.
Das wollte Gott so.
Und nun ist Jesus lebendig
und ist immer bei euch,
auch wenn ihr ihn nicht sehen könnt.
Wie Gott selbst.

Am Abend kamen sie nach Emmaus
an ihr Haus,
und der Fremde wollte weitergehen.

Aber sie luden ihn ein:
Komm, geh nicht weiter.
Bleibe bei uns.
Es ist Abend, und bald ist es dunkel.
Du kannst mit uns essen und bei uns
übernachten.

Dann setzten sie sich zum Essen
an den Tisch,
und der Fremde nahm ein Brot,
sprach ein Dankgebet,
brach das Brot,
wie Jesus es immer getan hatte,
und gab ihnen Stücke davon.
Da gingen ihnen plötzlich
die Augen auf.
Sie erschraken bis ins Herz,
und sie riefen: Du bist ja Jesus!
Das bist du ja selbst!
Aber da verschwand er,
und sie sahen ihn nicht mehr.

Wir haben es doch gespürt!
sagten sie wie aus einem Mund.
Das war doch nicht irgendein Fremder!
Wer hätte so mit uns reden können?
Wer hätte sonst so das Brot gebrochen?

Und sie ließen das Essen stehen
und liefen den ganzen Weg zurück
nach Jerusalem,
so schnell sie konnten.
Unterwegs begegneten ihnen
immer wieder fremde Menschen,
die ihnen entgegenkamen,
und Kleophas packte seinen Freund
am Arm und sagte:
Weißt du, was das bedeutet?
Das bedeutet, daß in jedem Fremden
Jesus sein kann! Und jeder,

der mit uns am Tisch sitzt,
kann Jesus sein!

Spät in der Nacht
kamen sie in ihr Haus in Jerusalem.
Dort saßen die elf Jünger
und die Frauen
und die anderen Freunde beieinander,
und als die beiden ins Zimmer traten,
sprangen die anderen alle auf
und riefen:
Jesus ist auferstanden! Es ist wahr!
Petrus hat ihn gesehen!
Wir auch, antworteten sie.
Ein Fremder ging mit uns,
und am Ende haben wir gesehen:
Es war Jesus!

Und sie fielen einander in die Arme
und lachten und weinten durcheinander
und blieben die ganze Nacht zusammen
und waren unbeschreiblich fröhlich.

Wenn wir eine solche Geschichte
erzählt haben, können wir auch eine der
Ostergeschichten aus den Evangelien in
den Versen eines Osterlieds nachspielen, so daß das Lied mit verteilten Rollen
von Vater und Mutter und vielleicht einem der größeren Kinder gelesen wird:

Erstanden ist der heilig Christ,
der aller Welt ein Tröster ist.

Und wär er nicht erstanden,
so wär die Welt vergangen.

Seit daß er erstanden ist,
loben wir den Herren Jesus Christ.

Drei Frauen nahmen Spezerei
und gingen hin zum Grab ohn Scheu.

Sie suchten den Herrn Jesus Christ,
ja, der vom Tod erstanden ist.

Der Engel sprach:
Erschrecket nicht, seid alle froh,
denn den ihr sucht, der ist nicht do.

Maria:
Ach Engel, lieber Engel fein,
wo find ich denn den Herren mein?

Engel:
Er ist erstanden aus dem Grab,
heut an dem heilgen Ostertag.

Maria:
Zeig uns den Herren Jesus Christ,
der von dem Tod erstanden ist.

Engel:
So tretet her und seht die Statt,
da unser Herr gelegen hat.

Die Frauen:
Wir sehen's wohl zu dieser Frist,
zeig uns den Herren Jesus Christ.

Engel:
Ihr sollt nach Galiläa gehn,
da werdet ihr den Heiland sehn.

Die Frauen:
Hab Dank, du lieber Engel fein,
nun wolln wir alle fröhlich sein.

Die Fortsetzung davon ist die Geschichte von der Himmelfahrt, die erzählt, wie Christus danach in die himmlische Welt hinüberging (Lukas 24, 50–53). Wir können sie auch nach den Kirchengesangbüchern singen:

Gen Himmel aufgefahren ist
der Ehrenkönig Jesus Christ.

Er sitzt zu Gottes rechter Hand,
herrscht über Himmel und alle Land.

Drum jauchzen wir mit großem Schalln,
dem Herren Christ zum Wollgefalln.
Halleluja.

*

Wir danken dir, Herr Jesu Christ,
daß du vom Tod erstanden bist
und hast dem Tod zerstört sein Macht
und uns zum Leben wiederbracht.
Halleluja.

Wir bitten dich durch deine Gnad,
nimm von uns unsre Missetat
und hilf uns durch die Güte dein,

daß wir dein treuen Diener sein.
Halleluja.

Gott Vater in dem höchsten Thron
samt seinem eingebornen Sohn,
dem Heilgen Geist in gleicher Weis
in Ewigkeit sei Lob und Preis.
Halleluja. Amen.

*

So feiern wir das hohe Fest
mit Herzens Freud und Wonne,
das uns der Herr scheinen läßt.
Er ist selber die Sonne,
der durch seiner Gnaden Glanz
erleucht't unsre Herzen ganz;
der Sünden Nacht ist vergangen.
Halleluja. Amen.

*

Wir freuen uns über Gott
und rühmen, was er getan hat.

Als Jesus verlassen war
von allen Menschen,
hat ihn Gott nicht verlassen.
Als Jesus zu ihm rief,
hörte ihn Gott.
Wer nun zu Gott ruft in der Not,
der soll Gott finden.
Er soll glücklich sein und sich freuen
und soll für immer leben.

Wir freuen uns über Gott
und rühmen, was er tut.
Denn er ist der König
in der sichtbaren Welt
und in der unsichtbaren,
und alle Menschen sind
in seiner Hand.

Auch alle, die wir in die Erde
legen, die schlafen –
so daß wir meinen, sie seien tot –,
die werden auferstehen,
ihn anbeten und sich freuen,
und mit ihm leben in Ewigkeit.

Das wollen wir einander erzählen.
Vater und Mutter haben es gehört,
als sie noch klein waren.
Wir hören es heute.

Und wenn wir Kinder groß sind,
erzählen wir es unseren Kindern
und sagen:
Wir freuen uns über Gott
und rühmen, was er getan hat
für uns und für alle Menschen. Amen.

Nach Psalm 22

oooooooooooooooooooooooooooooooo

Was uns Ostern bedeutet

An Ostern kommt heraus, wie wir
uns unsere Welt wirklich vorstellen. Es
kann ja sein, daß für uns die Welt aus
dem besteht, was wir messen und wä-
gen, anfassen und verändern können. Es
könnte aber auch sein, daß wir eine viel
größere Welt ahnen, die über unser Erkennen und Begreifen hinaus liegt, die
aber so wirklich ist wie unsere sichtbare
Umwelt.

Wir meinen nicht eine andere Welt
als die, die wir kennen, so daß es also
zwei verschiedene Welten gäbe. Wir
meinen nur, daß diese Welt tiefer und
weiter und geheimnisvoller ist als wir mit

unseren Sinnen und mit unseren Meß-
werkzeugen erfassen können. Dies anzunehmen, dazu gehört keine „religiöse
Begabung", sondern nur ein wenig Be-
scheidenheit.

Wir meinen, daß wir anders auch
nicht von Gott reden können. Wir sagen
ja nicht: Gott ist anderswo. Er ist jenseits.
Sondern wir sagen: Er ist hier, bei uns.
Dennoch nehmen wir ihn nicht wahr, wie
wir auch anderes, das wirklich ist und
nahe bei uns, nicht sehen oder greifen
können.

Vielleicht stellen wir es uns so vor,
daß alle Dinge sozusagen eine uns ab-
gewandte Seite haben, und so, daß viele
Erfahrungen, die wir in unserer Welt und
mit unseren Sinnen machen, durch-
scheinend werden können auf eine größere Welt. Und wir stellen uns vor, daß
wir im Tode nicht in Finsternis und Be-
wußtlosigkeit versinken, sondern daß
sich uns im Tode eine andere Dimension
öffnet, eine neue, andersartige, voll
Licht und neuer Erkenntnis.

Jedes Kind kann verstehen, daß es
Dinge gibt, die man nicht sieht. Die Hei-
zung ist warm, aber die Wärme sieht
man nicht. Gedanken kann man denken, aber man kann sie nicht sehen. Gott
ist um uns her. Er ist in allen Dingen drin,
aber sehen kann man ihn nicht. Die
Menschen, die früher gelebt haben,
werden leben, aber so, daß wir sie nicht
sehen und nicht mit ihnen sprechen können. Sie werden ein ganz anderes Leben
haben. Wir sollten aber auf alle Fälle,
wie immer wir uns den Gedanken „Auf-

erstehung" verdeutlichen, über die Zeit hinaus sein, in der man meinte, was der Mensch mit seinem kleinen Verstand nicht verstehen könne, das könne es nicht geben.

ooooooooooooooooooooooooooooooo

Pfingsten

Mit Pfingsten haben auch erwachsene Christen ihre Schwierigkeiten. Was soll man sich unter dem Heiligen Geist vorstellen? Und vielleicht fragt auch ein Kind einmal, das dem Wort begegnet ist: Was ist das, Heiliger Geist? Ist das ein Gespenst? Eins unserer Kinder, sehr klein noch, fragte eines Tages: Warum kann man Gott nicht sehen? Da antwortete eine Tante, die sich nur schwer zu helfen wußte: „Weißt du, Gott ist Geist!" Und das Kind atmete auf, hörbar erleichtert und befreit, und sagte: „Ach so!"

Da erklärt man ein Rätsel mit einem anderen, man sagt: Ach so!, fühlt sich eine Weile befreit und merkt doch nach kurzer Zeit, daß mit dem Wort „Geist" eigentlich nichts erklärt ist. Dem Kind ging es nicht anders. Was meinen wir denn, wenn wir das sagen: Gott ist Geist? Vielleicht können wir es einem Kind so erklären:

Es ist Pfingsten.
Das ist ein Fest,
an dem viele wegfahren,
ans Meer oder in die Berge
oder in den Wald.

Es ist warm,
und alles blüht.

Im Winter schläft alles draußen.
Aber an Pfingsten ist alles lebendig
und wächst und singt und leuchtet,
weil überall Gott Leben schafft
und Kraft gibt.

Man sagt: Der Geist Gottes
schafft alles.
Das heißt: Gott ist in allem
mitten drin.

Er macht, daß wir denken können,
daß wir malen und singen können,
daß wir lustige Gedanken haben,
daß wir Spaß machen können
und daß wir einander lieben.

Wenn du etwas sagst –
und ich kann dich hören
und verstehen, was du sagen willst:
das ist vom Heiligen Geist.

Wenn du in den dunklen Keller gehst
und Angst hast,
wenn du dann mit Gott reden kannst
und Gott dich fröhlich macht,
so daß du keine Angst mehr hast:
das ist vom Heiligen Geist.

Wenn wir uns streiten
– das kommt manchmal vor –
und müssen dann nicht immer
weitertrotzen,
sondern können zueinander sagen:
Es tut mir leid!
Sei bitte wieder gut:
das ist vom Heiligen Geist.

Wenn wir einen fremden Menschen
sehen,
einen schwarzen oder einen braunen
oder einen mit schmalen Augen,
aus Japan vielleicht,
und fürchten uns nicht,
sondern finden ihn schön
und freuen uns
und wissen, daß er mit uns zusammen
zu den Kindern Gottes gehört:
das ist vom Heiligen Geist.

Wenn wir nicht ganz so waren,
wie wir sein möchten,
wenn wir vielleicht sogar böse waren
und verbergen müssen,
was wir getan haben,
und wir sprechen mit Gott
und sagen ihm, daß es uns leid tut,
und werden wieder fröhlich
und glauben,
daß er uns liebt, trotz allem:
das ist vom Heiligen Geist.

Und wenn eines von uns stirbt,
und wir sind traurig
und können doch glauben,
daß er lebt und bei Gott ist,
und uns freuen, daß auch wir
nach unserem Tod leben werden:
das ist vom Heiligen Geist.

Der Heilige Geist macht,
daß wir glauben
und einander lieben
und uns freuen
auf morgen und auf jeden Tag.

An Gott zu zweifeln ist erlaubt. Es ist sogar wichtig

Irgendwann kommt von Kindern auch die Forderung: Wenn der Gott will, daß ich an ihn glaube, dann soll er sich doch einmal sehen lassen.

Das ist richtig. Das ist natürlich und notwendig. Und es ist keineswegs ein Merkmal unserer heutigen Zeit, daß so gefordert wird. Eine solche Stimme erhebt sich schon im Alten Testament, wo der leidende Hiob ausruft:

Wüßte ich doch,
wo ich dich finden kann
und wo du wohnst!
Gehe ich aber nach Osten,
so bist du nicht da.
Gehe ich nach Westen,
so finde ich dich nicht.
Suche ich im Süden,
so sehe ich dich nicht.
O daß mich doch einer hörte!

Sicher ist: Wer sich einredet, er habe mit sich und seinem Glauben keine Schwierigkeiten, und seine Kinder dürften folglich auch nicht von Zweifeln geplagt sein, der geht an der Wirklichkeit vorbei. Der Zweifel ist der Schatten, der den Glauben ständig begleitet, auch den Glauben der Kinder und die ersten Versuche, es mit ihm zu wagen. Diesen Zweifel muß man aussprechen dürfen. Der Zweifel ist keine Sünde und kein Unrecht, er ist nur eben eine mühsame Suche nach Wahrheit. Und daß diese Suche nach Gott eine Mühe und eine Last ist, das darf man auch im Gebet aussprechen: Du, das macht mir große Mühe.

Wir können uns nicht vornehmen: Ab heute lasse ich den Zweifel hinter mir. Aber wir wenden uns gegen ihn und lassen nicht zu, daß er unseren Glauben zerstört. Wir nehmen es mit ihm auf und gewinnen dabei zugleich Klarheit über uns selbst und Vertrauen zu dem Gott, der oft so ferne zu sein scheint.

Und vor allem: Wir reden mit einem zweifelnden Kind gerade nicht über unseren festen Glauben, sondern über unseren eigenen Zweifel und wie wir mit ihm umgehen.

Ein Kind gewinnt seine Sicherheit ja unter anderem dadurch, daß es weiß: Ich kann mit meinen Eltern über alles reden. Selbst wenn mir etwas sehr Dummes passiert ist, hören sie mich an und haben einen Rat und haben mich am Ende nicht weniger lieb. Und wenn später der Jugendliche, wie es seinem Alter entspricht, viel verschweigt und verschweigen muß, findet er seinen Halt immer noch an der Gewißheit: Wenn ich Schwierigkeiten habe, kann ich mit meinen Eltern reden. Gibt es aber von Anfang an Bereiche, über die man nicht redet, etwa sexuelle oder gerade auch religiöse Fragen, dann wird am Ende das Gespräch ganz veröden, denn ausgesparte Bezirke haben die Eigentümlichkeit, sich auszudehnen.

Wenn ein Kind lernen soll, im Laufe seines Lebens den Zugang zu Gott immer wieder zu finden, nachdem es ihn verloren hatte, dann wird ihm das am leichtesten gelingen, wenn die Eltern es von Anfang an auf ihren eigenen Weg mitnehmen, auf dem die Zweifel ja auch herumliegen, die Bedenken und die Hindernisse, an dessen Ende sie aber immer wieder das Vertrauen und die Hoffnung, die Gewißheit und die Dankbarkeit suchen und finden.

Warum soll man mit einem Kind zusammen nicht gerade diese Suche einmal zum Thema eines Gebets machen? Etwa so:

Lieber Gott,
wir möchten dich finden,
denn wenn du nicht da bist,
sind wir sehr allein.

Wir möchten, daß du uns liebst,
denn wir können nicht leben,
wenn du uns nicht festhältst
mit deinen guten Händen.

Niemand hat dich je gesehen.
Aber Jesus Christus erzählt uns
von dir und von deinem Reich.
Ihm hören wir zu.

Wir danken dir,
daß du ihn zu uns geschickt hast.
Denn wir können nicht leben
und nicht glücklich sein ohne dich.

Ihm glauben wir es,
wenn er sagt: Euer Vater im Himmel
ist nahe bei euch. Er sieht euch.
Er kennt euch. Er sorgt für euch.

Wir danken dir,
daß das wahr ist. Amen.

Ferienreise

Wenn Ihnen die altertümliche Sprache kein Hindernis ist, dann ist das folgende Wallfahrtslied aus dem 13. Jahrhundert eines der schönsten Reiselieder zum gemeinsamen Singen vor der Abfahrt oder zum Vorsprechen:

In Got - tes Na - men fah - ren wir, sein heil - ger
En - gel geh uns für wie dem Volk in Ä - gyp - ten -
land, das ent - ging Phara - o - nis Hand. Ky - ri - e - leis.

Herr, du wollst unser Gleitsmann sein
und mit uns gehen aus und ein
uns zeigen alle Steig und Steg,
wehren dem Unfall auf dem Weg.

So wird kein Berg noch tiefes Tal,
kein Wasser uns irren überall,
fröhlich kommen wir an unsern Ort,
wenn du uns gnädig hilfest fort.

Herr Christ, du bist der rechte Weg
zum Himmel und der ein'ge Steg.
Hilf uns Pilgern ins Vaterland,
weil du dein Blut hast drangewandt.
Kyrieleis.

Oder der kürzere:

In Gottes Namen fahren wir,
allzeit dir, Herr, vertrauen wir.
Vor allem Übel uns bewahr
durch deiner heilgen Engel Schar.

Herr, unser Gott, geleite uns.
Du bist der Himmel und die Erde,
du bist unser Anfang und unser Ziel,
du bist der Weg und die Straße.

Wir bleiben in dir,
wo immer wir sind.
Dein ist unser Leben
und unser Glück.

Dein sind die Menschen,
die uns begegnen.
Hilf, daß ihnen durch uns
kein Leid widerfährt.

Du bist die Liebe.
Hilf uns,
den Fremden draußen
unsere Liebe mitzubringen.

Wenn wir ein Haus finden,
so bist du es,

in dem wir bleiben,
in dem wir wohnen, Herr.

Du bist die ganze Welt,
und wir gehen von dir zu dir,
wo immer wir sind,
und sind in dir zu Hause.

✱

Der Herr behüte uns vor allem Übel,
er behüte unsere Seele,
der Herr behüte unsren Ausgang
und Eingang
von nun an bis in Ewigkeit. Amen.

Der du allein der Ewge heißt
und Anfang, Ziel und Mitte weißt
im Fluge unsrer Zeiten:
Bleib du uns gnädig zugewandt
und führe uns an deiner Hand,
damit wir sicher schreiten.

In den Ferien könnten wir auch einmal etwas Längeres miteinander lernen und im Wechsel sprechen, wenn das Frühstück auf dem Tisch steht. Ob die Mutter den einen Part übernimmt und der Vater den anderen oder die Kinder sich teilen, das ist eine Sache für die Phantasie. Etwa dieses Gedicht von Clemens Brentano:

Mutter:
Kein Tierlein ist auf Erden
dir, lieber Gott, zu klein.
Du ließ'st sie alle werden,
und alle sind sie dein.

Kinder:
Zu dir, zu dir ruft Mensch und Tier,
der Vogel dir singt,
das Fischlein dir springt,
die Biene dir summt,
der Käfer dir brummt,
auch pfeifet dir das Mäuslein klein.

Alle:
Herr Gott, du sollst gelobet sein.

Mutter:
Die Fischlein, die da schwimmen,
sind, Herr, vor dir nicht stumm.
Du hörest ihre Stimmen,
ohn dich kommt keines um.

Kinder:
Zu dir, zu dir ruft Mensch und Tier,
der Vogel dir singt,
das Fischlein dir springt,
die Biene dir summt,
der Käfer dir brummt,
auch pfeifet dir das Mäuslein klein.

Alle:
Herr Gott, du sollst gelobet sein.

Mutter:
Vor dir tanzt in der Sonne
der kleinen Mücken Schwarm,
zum Dank für alle Wonne
ist keins zu klein und arm.

Kinder:
Zu dir, zu dir ruft Mensch und Tier,
der Vogel dir singt,
das Fischlein dir springt,
die Biene dir summt,
der Käfer dir brummt,
auch pfeifet dir das Mäuslein klein.

Alle:
Herr Gott, du sollst gelobet sein.

Mutter:
Sonn, Mond gehn auf und unter
in deinem Gnadenreich,
und alle deine Wunder
sind sich an Größe gleich.

Kinder:
Zu dir, zu dir ruft Mensch und Tier,
der Vogel dir singt,
das Fischlein dir springt,
die Biene dir summt,
der Käfer dir brummt,
auch pfeifet dir das Mäuslein klein.

Alle:
Herr Gott, du sollst gelobet sein.

Eine kleine Schöpfungsgeschichte

Es ist lebensnotwendig für ein Kind, daß es Vertrauen gewinnt in seine Welt und Vertrauen zu dem, der sie geschaffen hat und in ihr wirkt: Gott. Wir werden darum ein Spiel daraus machen, das Kind von einer Beobachtung zur anderen immer näher an die vielen großen und kleinen Wunder und Geheimnisse der Schöpfung heranführen und ihm zeigen, wie wir uns ihr ohne Angst zuwenden und wie wir behutsam mit ihr umgehen. Wir werden ihm helfen, immer mehr zu sehen und zu hören und dabei immer ein wenig mehr wahrzunehmen als das Vordergründige.

Wir könnten geradezu eine „Schöpfungsgeschichte" erwandern, dabei sehen und darüber staunen, wie die Dinge und die lebendigen Wesen zwischen Gott und uns ausgebreitet sind als kostbare Geschenke von Gott, und wir werden versuchen, sie zu schützen und zu ehren und mit ihnen zu leben.

Vielleicht können dabei nicht nur die Kinder, sondern auch wir Erwachsenen das Staunen wieder lernen über die unermeßliche Phantasie des Schöpfers, über die unendliche Vielfalt der Blätter, der Gräser, der Blumen, der Käfer, der Muscheln und der Schneckenhäuser. Wir staunen darüber, wie kein Gras dem anderen gleicht, kein Löwenzahn dem anderen, kein rotes oder gelbes Herbstblatt dem anderen. Es ist dabei nicht so wichtig, daß die Kinder die Namen der Dinge lernen, das Staunen und Bewundern und Schauen ist viel wichtiger als das Benennen und Einordnen, das der Erwachsene für so sehr wichtig hält. Denn was haben wir von einem Baum, einem Schmetterling, einem Vogel schon erfaßt, wenn wir wissen, wie die Lehrbücher ihn nennen? Ist dieses Einordnen und Wissen nicht der Anfang jener Ehrfurchtslosigkeit, die uns Heutigen das Staunen abgewöhnt hat?

Ebenso unermeßlich wie die Fülle des Sichtbaren ist die Fülle der Töne, das Zwitschern, Quaken, Wiehern, Summen, Schwirren und Rauschen, oder auch die Fülle der Düfte. Wach und aufmerksam werden gegenüber der Schöpfung – das mit einem Kind zusammen zu versuchen kann ein echtes Fest sein. Etwa auf einer Wanderung die Schöpfungsgeschichte zu erzählen:

Am Anfang war es dunkel.
Es war Nacht,
und man konnte nichts sehen.
Da machte Gott das Licht.
Er machte es hell.
Er machte einen großen,
leuchtenden Ball
als Licht an den Himmel.
Das war die Sonne.
Und damit auch bei Nacht nicht
alles finster wurde,
sondern noch ein wenig Licht war,
machte er einen kleineren Ball,
den Mond,
und die vielen kleinen,
leuchtenden Sterne.

Dabei können wir miteinander das „Lied der Sonne" von Christian Morgenstern lernen:

Lied der Sonne

Ich bin die Mutter Sonne und trage
die Erde bei Nacht,
die Erde bei Tage.
Ich halte sie fest
und strahle sie an,
daß alles auf ihr wachsen kann.
Stein und Blume, Mensch und Tier,
alles empfängt sein Licht von mir.
Tu auf dein Herz
wie ein Becherlein;
denn ich will leuchten
auch dort hinein!
Tu auf dein Herzlein, liebes Kind,
daß wir ein Licht zusammen sind!

Und vielleicht versteht auch ein Kind schon, was Tersteegen dichtet:

Du durchdringest alles;
laß dein schönstes Lichte,
Herr, berühren mein Gesichte.
Wie die zarten Blumen
willig sich entfalten
und der Sonne stille halten,
laß mich so
still und froh
deine Strahlen fassen
und dich wirken lassen.

Wir bewundern miteinander, wie die Blumen sich nach dem Licht hinwenden oder eine Eidechse sich sonnt, wie sie alle das Licht brauchen, und vielleicht finden wir auch die Worte, um zu sagen, daß Gott für uns etwas ist wie das Licht für die Blumen oder die Eidechsen.

Wir spüren mit dem Kind zusammen den Wind, den wir nicht sehen, der uns aber die Wolken bringt und den Regen und der die Wolken wieder vertreibt, damit die Sonne wieder scheint. Den Wind, den wir einatmen und wieder ausatmen, weil wir die Luft brauchen, wie alle Pflanzen und Tiere sie zum Leben nötig haben.

Und dann machte Gott das Wasser. Den Bach und den See und das Wasser, in dem wir baden und schwimmen, oder das wir trinken, wenn es rein ist, zu dem die Rehe kommen, wenn es abends dämmrig wird, und das für die Bäume so wichtig ist, ohne das sie welken und verdorren. So hat Gott eins für das andere gemacht, und alles gehört zusammen: der Wind, der den Regen bringt, der Bach und die Tiere, die Durst haben, und die Wurzeln an den Pflanzen, die das Wasser in der Erde suchen.

Und Gott machte die Bäume. Er machte sie groß und stark, daß sie fest stehen können, auch wenn es stürmt. Sie haben ihre Wurzeln tief in der Erde, und oben breiten sie sich aus und atmen mit ihren Blättern wie wir mit der Nase und können leben, weil das Licht ihnen die Kraft gibt.

Das ist schön, ganz fest stehen zu können und sich weit ausbreiten. Vielleicht sprechen wir am Abend nach einem Spaziergang diesen Vers:

Mach in mir deinem Geiste Raum,
daß ich dir werd ein guter Baum,
und laß mich Wurzel treiben.
Verleihe, daß zu deinem Ruhm
ich deines Gartens schöne Blum
und Pflanze möge bleiben.

Erwähle mich zum Paradeis
und laß mich bis zum letzten Reis
an Leib und Seele grünen.
So will ich dir und deiner Ehr
allein und sonsten keinem mehr
hier und dort ewig dienen.

Aber der Baum lebt ja nicht allein.
Die Vögel wohnen in ihm und viele andere Tiere. Er ist wie eine große Wohnung, die vielen gehört.

Der Holzwurm

Der bunte Finke baut sein Nest
dem schönsten Waldbaum ins Geäst.
„Am Ersten soll die Hochzeit sein!
Der Baum ist mein."

Da kommt ein Mann im Jägerkleid
und mißt den Baum, wie hoch, wie breit,
und gräbt dem Stamm ein Zeichen ein:
„Der Baum ist mein."

Ein kleiner Wurm, man sieht ihn kaum,
guckt mit dem Köpflein aus dem Baum
und lacht und spricht ganz leise: „Nein,
der Baum ist mein."

Und Gott machte die Pflanzen. Die Blumen und die Büsche und das Getreide und das Kraut und alles, was grün und bunt ist. Und er machte, daß sie aus kleinen Samen entstehen können, in der Erde versteckt, und dann herauskommen und grüne Blätter bilden und bunte Blüten. Und vielleicht kann man, wenn man noch eine Weile wartet, sogar etwas an ihnen finden, das man essen kann.

Manche Pflanzen sind Unkraut. Das reißen wir aus, weil sonst die Blumen nicht gedeihen können oder das Getreide. Aber schön ist auch das Unkraut. In einem alten Lesebuch stand das Gedicht von Julius Sturm, „Der Bauer und sein Sohn", das wir vor bald fünfzig Jahren in der Schule gelernt haben:

Der Bauer steht vor seinem Feld
und zieht die Stirne kraus in Falten:
„Ich hab' den Acker wohl bestellt,
auf reine Aussaat streng gehalten;
nun seh mir eins das Unkraut an!
Das hat der böse Feind getan."

Da kommt sein Knabe hochbeglückt,
mit bunten Blüten reich beladen;
im Felde hat er sie gepflückt,
Kornblumen sind es, Mohn und Raden.
Er jauchzt: „Sieh, Vater, nur die Pracht!
Die hat der liebe Gott gemacht!"

Es wird immer wichtiger, daß wir das begreifen und nicht alles nach seiner Nützlichkeit beurteilen. Auch das

Unkraut kann ein Wunder an Schönheit
sein:

Alle Gräslein auf den Feldern,
alles, was in Gärten blüht,
alle Blumen in den Wäldern,
alles, was man grünen sieht,
muß, wenn auch die Menschen
schweigen,
Gottes Lieb und Lob bezeugen.

*

Und Gott machte die Tiere.
Er sagte:
In der Erde sollen die Würmer leben,
auf dem Wasser die Enten,
im Gebüsch die Igel.
Die Tiere sind uns schon ganz nah.
Sie können schon vieles,
das auch wir Menschen können,
und wir sind ganz ferne mit ihnen verwandt.

Wir Erwachsenen müssen wissen,
daß ein Kind sich leichter mit einem Tier
anfreundet als mit einem Menschen und
daß es sich mit dem Tier eher identifi-
ziert als mit einem Erwachsenen. Die
Verse, in denen das Kind sich mit Tieren
zusammen sieht, haben ihren wichtigen
Sinn:

Die Schnecke hat ihr Haus,
ihr Fellchen hat die Maus,
der Sperling hat die Federn fein,
der Falter schöne Flügelein.
Nun sage mir, was hast denn du?
Ich habe Kleider und auch Schuh'
und Vater und Mutter
und Lust und Leben –
das hat mir der liebe Gott gegeben.

Oder:
Die Wohnung der Maus

Ich frag die Maus:
Wo ist dein Haus?
Die Maus darauf erwidert mir:
Sag's nicht der Katz,
so sag ich's dir.
Treppauf, treppab,
erst rechts, dann links,
dann wieder rechts,
und dann gradaus –
da ist mein Haus,
du wirst es schon erblicken!
Die Tür ist klein,
und trittst du ein,
vergiß nicht, dich zu bücken.

Und ein Spiel, das man lange weiter treiben kann, ist, zu fragen, was eigentlich Gott macht und wo er zu Hause ist:

Wo wohnt der liebe Gott?
Im Graben, im Graben!
Was macht er da?
Er bringt den Fischlein
's Schwimmen bei,
damit sie auch was haben.

Wo wohnt der liebe Gott?
Im Stalle, im Stalle!
Was macht er da?
Er bringt dem Kalb das Springen bei,
damit es niemals falle.

Wo wohnt der liebe Gott?
Im Fliederbusch am Rasen!
Was macht er da?
Er bringt ihm wohl das Duften bei
für unsere Menschennasen.

Wo ist der liebe Gott?
Bei dir und mir im Hause.
Was macht er da?
Er bringt uns all'n das Lieben bei,
damit es keinem grause.

Der Phantasie sind keine Grenzen gesetzt. Ist er nicht auch in der Wiese und malt gerade den Käfern die Flügel an oder den Schmetterlingen?

Oder ist er nicht im Hundekörbchen und bringt den neugeborenen Hunden das Trinken bei der Mutter bei?

Wichtig ist nur dies: Gott ist nicht irgendwo hoch oben im Himmel allein — dort ist er sicher auch —, sondern nahe, und alles lebt nur deshalb, weil er sich ständig mit allem noch so Kleinen und Versteckten beschäftigt.

Wo ist Gott? fragt ein Kind, und vielleicht ist die richtige Antwort die Gegenfrage: Wo ist er nicht? Kannst du dir einen Platz denken, wo Gott nicht wäre?

Vielleicht auch antworten wir ganz anders, nun auf uns selbst bezogen: Er ist überall bei uns, wo wir ihn einlassen. Denn wir Menschen sind die einzigen Wesen, die auch versuchen können, so zu tun, als brauchten sie ihn nicht.

Ein solcher Spaziergang durch die Schöpfung hat nicht nur den Sinn, daß wir Gott als den „großen Schaffenden" verstehen lernen, der er natürlich ist. Vielmehr lernen wir auch die Welt neu kennen als eine uns zugewandte Seite Gottes.

Wenn wir davon ausgehen, Gott sei in allen Dingen gegenwärtig, dann haben wir im Grunde immer und überall mit ihm zu tun. Dann heben wir einen Stein auf und haben Gott in der Hand. Wir lehnen uns an einen Baum und lehnen uns an Gott. Wir ruhen im Moos und ruhen in der Gegenwart Gottes. Wir fühlen den Wind und fühlen den gegenwärtigen Gott. Wir schließen die Augen und lassen uns die Sonne ins Gesicht scheinen — und empfinden die Wärme und das Licht Gottes. Wir erleben, wie sich die Dunkelheit übers Land senkt, und kehren ein in die Nähe des guten Gottes, der auch in der Nacht kommt. Wir stehen unter den Sternen und wissen: Der uns ansieht, ist Gott.

Hier ist, auch für kleine Kinder schon, das Lied von Paul Gerhardt „Geh aus, mein Herz" unüberbietbar schön und wahr:

Augustin Harder (1775—1813)
Satz: Reinhold Heyden (1904—1946)

1. Geh aus, mein Herz, und su - che Freud in die - ser lie - ben

Auch für Instrumente

1. Geh aus, mein Herz, und su - che Freud in

Som - mer - zeit an dei - nes Got - tes Ga - ben. Schau an der schö - nen

die - ser lie - ben Sommerzeit an dei - nes Got - tes Ga -

Gär - ten Zier und sie - he, wie sie mir und dir sich

ben. Schau an der schö - nen Gär - ten

aus - ge - schmük - ket ha - - ben, sich aus - ge - schmücket ha - - ben.

Zier und sie - he, wie sie mir und dir sich aus - ge - schmücket ha - - ben.

Die Bäume stehen voller Laub,
das Erdreich decket seinen Staub
mit einem grünen Kleide;
Narzissen und die Tulipan,
die ziehen sich viel schöner an
als Salomonis Seide.

Die Lerche schwingt sich in die Luft,
das Täublein fliegt aus seiner Kluft
und macht sich in die Wälder;
die hochbegabte Nachtigall
ergötzt und füllt mit ihrem Schall
Berg, Hügel, Tal und Felder.

Die Glucke führt ihr Völklein aus,
der Storch baut und bewohnt sein Haus,
das Schwälblein speist die Jungen;
der schnelle Hirsch, das leichte Reh
ist froh und kommt aus seiner Höh
ins tiefe Gras gesprungen.

Die Bächlein rauschen in dem Sand
und malen sich an ihrem Rand
mit schattenreichen Myrten;

die Wiesen liegen hart dabei
und klingen ganz vom Lustgeschrei
der Schaf und ihrer Hirten.

Die unverdroßne Bienenschar
fliegt hin und her, sucht hier und dar
die edle Honigspeise;
des süßen Weinstocks starker Saft
bringt täglich neue Stärk und Kraft
in seinem schwachen Reise.

Der Weizen wächset mit Gewalt;
darüber jauchzet jung und alt
und rühmt die große Güte
des, der so überflüssig labt
und mit so manchem Gut begabt
das menschliche Gemüte.

Ich selber kann und mag nicht ruhn,
des großen Gottes großes Tun
erweckt mir alle Sinnen;
ich singe mit, wenn alles singt,
und lasse, was dem Höchsten klingt,
aus meinem Herzen rinnen.

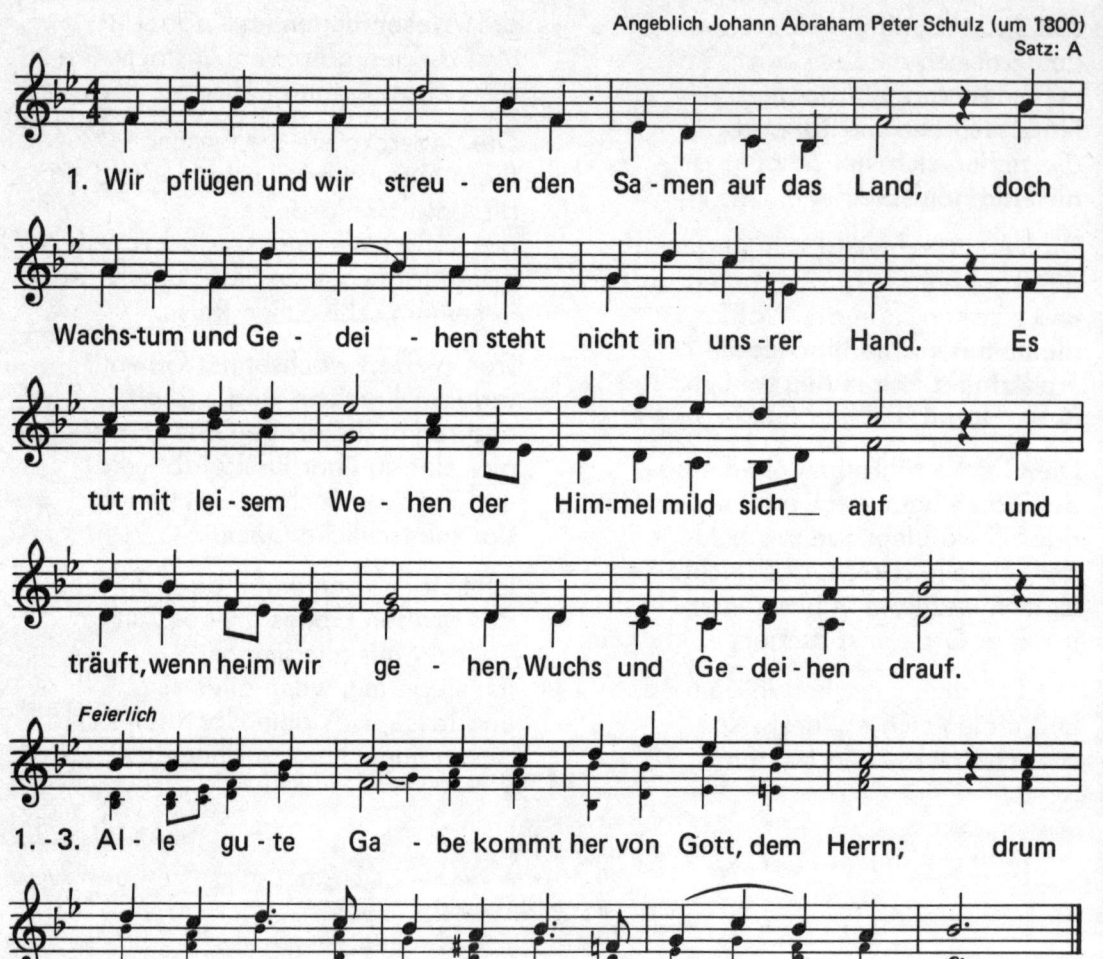

1. Wir pflügen und wir streu - en den Sa - men auf das Land, doch Wachs-tum und Ge - dei - hen steht nicht in uns - rer Hand. Es tut mit lei - sem We - hen der Him-mel mild sich auf und träuft, wenn heim wir ge - hen, Wuchs und Ge - dei - hen drauf.

Feierlich

1. - 3. Al - le gu - te Ga - be kommt her von Gott, dem Herrn; drum dankt ihm, dankt, drum dankt ihm, dankt und hofft auf ihn!

Er sendet Tau und Regen
und Sonn- und Mondenschein;
er wickelt seinen Segen
gar zart und künstlich ein
und bringt ihn dann behende
in unser Feld und Brot:

Es geht durch unsre Hände,
kommt aber her von Gott.

Alle gute Gabe
kommt her von Gott, dem Herrn.
Drum dankt ihm, dankt
und hofft auf ihn.

Was nah ist und was ferne,
von Gott kommt alles her,
der Strohhalm und die Sterne,
das Saatkorn und das Meer.
Von ihm sind Busch und Blätter,
und Korn und Obst von ihm
das schöne Frühlingswetter
und Schnee und Ungestüm.

Alle gute Gabe
kommt her von Gott, dem Herrn.
Drum dankt ihm, dankt
und hofft auf ihn.

Er läßt die Sonn aufgehen,
er stellt des Mondes Lauf,
er läßt die Winde wehen
und tut die Wolken auf.
Er schenkt uns so viel Freude,
er macht uns frisch und rot,
er gibt dem Vieh die Weide
und seinen Menschen Brot.

Alle gute Gabe
kommt her von Gott, dem Herrn.
Drum dankt ihm, dankt
und hofft auf ihn.

ooooooooooooooooooooooooooooooo

Wer betet, muß nicht immer reden

Im allgemeinen stellen wir uns vor,
wer betet, müsse in Worten und Sätzen
reden. Aber das ist keineswegs notwendig. Wer betet, braucht durchaus
nicht immer vorgeformte Verse oder
Worte nachzusprechen, und er braucht
auch nicht immer seine eigenen Worte
zu finden. Es kann sogar dem Gebet
ausgesprochen hinderlich sein, wenn
der Betende auf seine Sätze achten muß,
etwa dann, wenn andere seinem Gebet
zuhören. Er kann sich seinem Gegenüber, nämlich Gott, dann nie ganz und
ungeteilt zuwenden. Er muß ja darauf
achten, daß er seine Gedanken und
seine Sätze richtig zu Ende bringt. Er
muß daran denken, daß die anderen
sich unwillkürlich über sein Gebet Gedanken machen und es gut oder schlecht
finden. Er muß so formulieren, daß die
anderen folgen können und sie seine
Worte als ihr eigenes Gebet empfinden.

Der Erwachsene wird, wenn er ein
wenig Erfahrung mit dem Beten hat, immer auch schweigend beten, horchend
beten, schauend, wahrnehmend. Er
wird sich sammeln und einfach bei Gott
anwesend sein, ohne ihm etwas mitzu-
teilen. Er geht davon aus, daß Gott weiß,
wie es steht, daß Gott sieht, was vorgeht,
und er, der Mensch, ihn nicht zu infor-
mieren braucht. Er wird ein Wort aus
dem Psalter oder dem Neuen Testament
lesen und sich ihm aussetzen und wird
abwarten, was das Wort in ihm bewirkt.
Er wird vor einer Landschaft stehen, vor
einem Baum oder irgendeinem Ge-
schöpf Gottes und dabei die Kraft und
den Geist Gottes empfinden und in sich
aufnehmen. Er wird sein Schicksal über-
denken oder das Schicksal irgendeines
Menschen und es Gott gleichsam hin-
halten auf der offenen Hand. Er wird zu
tun versuchen, was er als den Willen
Gottes erkannt hat. Und all das kann
Gebet sein.

Das aber bedeutet, daß er auch mit Kindern nicht immer nur in Worten beten wird, weil ja das Kind noch weniger als der Erwachsene seine Einsichten über den Verstand gewinnt oder seine Handlungen mit dem Verstand plant.

Man kann mit einem Kind auch singen und dabei tun, was man „beten" nennt, nämlich „vor Gott sein". Man kann ihm Geschichten erzählen, und das brauchen nicht nur biblische zu sein. Man kann Bilder anschauen, lange und ausführlich, und dabei seine Phantasie spielen lassen. Man kann eine Geschichte auch mit Buntstiften malen, mit Farbpapier kleben oder als kleines Spiel auf dem Teppich inszenieren und dabei Einsichten gewinnen und ausdrücken, die man mit Nachdenken so nie hätte finden können. Man kann miteinander spazierengehen und dabei das Sehen einüben und das Hören, das Wahrnehmen und das Staunen und dabei sich Gott zuwenden wie in einem Gebet.

∘∘∘∘∘∘∘∘∘∘∘∘∘∘∘∘∘∘∘∘∘∘∘∘∘∘∘∘∘

Der Leib und die Sinne

Ähnlich dem Spaziergang, auf dem wir die großen und kleinen Dinge draußen anschauen und über sie staunen, ist auch ein Spaziergang am eigenen kleinen Körper für ein Kind eine wichtige Entdeckungsreise. Was man mit den Händen alles kann, mit den Zehen oder den Beinchen, das zu entdecken ist ein staunendes Erforschen wert. Was dem fehlt, der nicht hören oder sehen kann, oder wie wunderbar das ist, was wir jetzt gerade, da wir darüber reden, mit den Augen oder den Ohren oder mit den Fingerspitzen wahrnehmen, das kann das Thema für ein Erzählen und Beschreiben sein, das im Grunde ein dankbares Gebet ist. Atmen können ist eine große Sache und will entdeckt sein. Mit den Armen einander festhalten können und zeigen: Du gehörst zu mir, ist wunderbar. Und dazu alles andere, das es zu finden und zu bewundern gibt: die Zähnchen, mit denen wir beißen, und die Wege, durch die unsere Milch und unser Grießbrei in uns hinein und, ganz anders, wieder aus uns hinausgehen, das ist, so wäre zu wünschen, nicht nur dem Kind neu und staunenswert, sondern auch den Eltern, die das Spiel der Entdeckungen mit ihm spielen. Nichts ist auszusparen, nichts ist minderwertig oder gar „sündig", alles kann erzählt und beschrieben werden, und warum soll man nicht dem Vierjährigen, wenn er danach fragt, alles erzählen, was mit Geschlechtlichkeit und Kinderbekommen zusammenhängt, was der Sinn des Unterschieds ist zwischen den Jungen und den Mädchen? Wichtig ist, daß das Kind dabei immer weiß: Ich komme aus der Liebesgeschichte, die zwischen Vater und Mutter war und noch ist. Es kann gerade in dem Alter, in dem ohnedies die Entdeckung von Vater und Mutter als Geschlechtspartner stattfindet, nämlich zwischen vier und fünf, durch die Erzählung der Eltern eine wichtige Sicherheit gewinnen.

Und indem das Kind sich selbst abtastet, mit sich selbst spielt, sich selbst ruhend oder in Bewegung erfährt, kann es leicht verstehen, daß diese Kräfte, diese Bewegung, diese Ruhe Zeichen der Kräfte und der Liebe und Freundlichkeit Gottes sind, für die zu danken gut ist.

Vielleicht versteht ein Kind auf diesem Wege auch, wer es selbst ist. Bin ich meine Hand? Nein. Mein Fuß? Nein. Mein Bäuchlein? Offenbar nicht. Das gehört alles zu mir. Aber ich selber bin irgendwie in all dem drin. Vielleicht ist es mein Herz? Man sagt ja: Du bist in meinem Herzen. Oder: Ich habe dich von Herzen lieb. Oder: Es hat einer seinem Herzen einen Stoß gegeben. Und wenn wir dem Kind auch erklären, daß das Herz in unserer Brust eine kleine, wunderbare Pumpe ist, wird es doch verstehen können, warum die Menschen von jeher in diesem lebenschaffenden Herzen die Mitte des Menschen gesehen haben und das Wichtigste an ihm. Ich bin mein Herz – das könnte eine Einsicht sein, die dem Kind helfen würde zu verstehen, warum in diesem Leben viel wichtiger das ist, was das Herz kann, nämlich vertrauen und lieben, als das, was der Kopf kann, nämlich denken und wissen.

Und vom Herzen aus wird dann alles wichtig, was unser Leib tut und was unsere Sinne und unser Verstand tun. Ob einer hört, wenn der andere ihn bittet? Ob einer sieht, daß er dem anderen etwas helfen kann? Ob einer von dem, was er ißt, anderen etwas weitergeben kann? Ob er Hände hat, die Liebe zeigen können, und ob ihm etwas Schönes einfällt, wenn einer Geburtstag hat? Ob also einer seine Glieder und Sinne so gebraucht, wie Gott sie gemeint hat? Oder ob er mit den Augen neidisch ist, ob er seine Ohren zumacht, wenn ein anderer etwas sagt? Ob er mit seinen Händen vor allem für sich selbst sorgt oder gar anderen Leid zufügt?

Und vielleicht ergibt sich die Gelegenheit, über dasselbe Thema noch einmal nachzudenken, wenn uns auf der Straße ein behindertes Kind begegnet, vielleicht eines im Rollstuhl oder ein blindes, dafür zu danken, daß wir gesund sind, und zu verstehen, daß wir alle einander helfen können, mit dem zurechtzukommen, was im Leben schwer ist.

ooooooooooooooooooooooooooooooo

Wenn ein Kind behindert ist

Wir hatten immer wieder mit behinderten Kindern und deren Eltern zu tun, und immer wieder wurden wir gefragt, wie man einem Kind sein Schicksal deuten könne, vor allem dann, wenn es geistig voll leistungsfähig und die Behinderung körperlicher Art ist.

Wir fanden, ein solches Kind brauche zweierlei: Erstens das Bewußtsein, nicht in jeder Hinsicht ein Außenseiter zu sein, sondern eben nur an diesem Punkt mit besonderen Schwierigkeiten belastet. Das heißt: Es braucht die Zuversicht, zu einem – fast – normalen Leben befähigt zu sein. Es braucht eine Umwelt, die ihm dazu Mut macht und die nötigen Fähigkeiten mit ihm einübt. Das zweite aber ist, da ja ein „normales" Leben gerade nicht vor ihm liegt, dies, daß es einer Art vorgezogener Reifung bedarf.

Der Mensch lernt im allgemeinen erst im Lauf seines Lebens, daß es darauf ankommt, den Willen Gottes, auch wenn er Rätselhaftes zumutet, zu bejahen. Es ist eine jahrelange Einübung nötig, auch zu einem wenig glücklichen und erfüllenden Leben ein volles, klares Ja zu sprechen und anzunehmen, was kommt.

Dies Doppelte also muß das behinderte Kind früh erfassen. Einmal: Das Leben, das vor ihm liegt, fordert vielleicht mehr Einsatz, mehr Phantasie, mehr Mut als das Leben anderer Leute, aber es kann ein volles, rundes Menschenleben sein und vielleicht sogar „glücklich". Zum anderen: Niemand kann sich ein anderes Leben wünschen oder besorgen, als das ihm Gott eröffnet; es ist also wichtig, daß ein Mensch auch seine Grenzen bejaht und sich zu ihnen bekennt.

Das Gebet mit dem behinderten Kind wird diese Themen immer wieder berühren. Wir nehmen das Schicksal an, das uns zugemessen ist. Wir suchen miteinander nach dem besonderen Weg dieses Kindes. Wir überlegen, was Gott gemeint haben könnte, wenn er einen solchen Lebensweg vorzeichnet, und versuchen ihn zu gehen.

Und für die gesunden Kinder ist es ein Staunen wert, daß sie selbst nicht behindert sind. Das drückt etwa auch das Verslein aus, das wir morgens sprechen können:

Daß unsre Sinnen
wir noch brauchen können
und Händ und Füße,
Zung und Lippen regen,
das haben wir zu danken seinem Segen.
Lobet den Herren. Amen.

Oder:
Lobe den Herren,
der künstlich und fein dich bereitet,
der dir Gesundheit verliehen,
dich freundlich geleitet.
In wieviel Not
hat nicht der gnädige Gott
über dir Flügel gebreitet!

ooooooooooooooooooooooooooooo

Wie wir Gott suchen

Wenn wir fragen, wo wir Gott finden, dann können wir etwa so miteinander nachdenken:

Wir stehen am Fenster.
Wir schauen hinaus.
Wir wollen dich sehen, Gott.

Du hast das Glas gemacht,
durch das wir hindurchsehen.
Du bist im Glas.

Du hast den Wassertropfen gesandt,
der an der Scheibe herabläuft.
Du bist im Wassertropfen.

Du hast die Fliege gemacht,
die an der Scheibe sitzt.
Du bist in der Fliege.

Du sendest den Wind,
der hereinkommt,
wenn wir das Fenster öffnen.
Du bist im Wind.

Wenn der Wind zu stark wird,
schließen wir das Fenster
und nehmen den Griff in die Hand:

Du hast die Hand gemacht,
die das Fenster schließt.
Du bist in meiner Hand.

Aber das Wichtigste ist:
Das Glas und der Wassertropfen,
die Fliege und der Wind
und wir beide
sind miteinander in deiner Hand.

Vielleicht können wir sogar eine Art
Glaubensbekenntnis für Kinder erfinden, das nicht so zu lauten braucht wie
das folgende, aber in dem ungefähr
vorkommt, was wir hier vorschlagen. Es
ist eine Art Zusammenfassung dessen,
was es zu erleben und zu bewundern
gab:

Wir glauben an dich, Gott, Vater,
der alles erschaffen hat,
alles erdacht und erfunden
in der ganzen Welt.

Du bist bei uns und um uns her
bei Tag und Nacht.

Du hast die Sonne gemacht,

den Mond und die Sterne,
die Wolken und den blauen Himmel.

Du hast uns Kindern
unseren Vater gegeben
und unsere Mutter.

Du hast uns Eltern
unsere Kinder gegeben.
Wir alle gehören dir.

Du gibst uns Hände und Füße,
Augen und Ohren, Nase und Mund
und das ganze Gesicht,
mit dem wir einander anschauen
und miteinander lachen können.

Du hast uns Hände gegeben,
mit denen wir streicheln können,
und Arme, mit denen wir
einander festhalten.

Du gibst uns zu essen
und zu trinken,
du hast die Steine gemacht
und das Holz für unser Haus.

Du hast den Baum gemacht,
aus dem unser Tisch ist,
und das Silber für den Löffel,
mit dem wir essen.

Du machst, daß wir atmen
und lebendig sind
und so viel tun können
vom Morgen bis zum Abend.

Von dir kommen auch alle
anderen Menschen,
auch die Kinder und Mütter
und Väter in Amerika und Afrika,
in Rußland und bei den Indianern.

Du willst, daß wir alle
miteinander leben,
Geduld haben
und Frieden halten.

Du bist bei uns und um uns her
bei Nacht und bei Tag,
Vater im Himmel. Amen.

Lieder zur Schöpfung

Vater im Himmel,
großer Gott,
es ist schön, daß du da bist.

Ich sehe die Wolken und die Sonne.
Ich sehe den Mond und die Sterne,
ich sehe den großen Himmel über mir.
Das hast du alles gemacht.

Aber es ist wunderbar,
daß du auch an uns denkst.
Wir sind so klein gegen deine Bäume
und so winzig gegen deine Berge.

Und es ist wunderbar,
daß du nicht nur die großen Leute siehst,
die berühmten,
die, von denen alle reden.
Sondern auch mich.

Ich bin klein gegen die großen Leute.
Aber du hast mich in deiner Hand.
Du willst mich groß machen und stark,
so daß ich vieles allein tun kann.
Daß der große Hund
mir gehorchen muß,
daß ich ein Auto steuern kann
und allein verreisen.

Nur du bist dann immer noch
größer als ich.
Du weißt, was ich nicht weiß.
Du kannst, was ich nicht kann.
Dir gehöre ich,
auch wenn ich groß bin.

Vater im Himmel, großer Gott,
es ist schön, daß du so groß bist.

Nach Psalm 8

Ich freue mich,
Vater im Himmel,
ich freue mich, daß du da bist.

Du bist schön.
Schön wie die Sonne
und wie der blaue Himmel.

Du hast ein Kleid an aus Licht,
und wenn das Licht leuchtet,
sehe ich dich um mich her.
Du bist schön.

Und wenn Wolken kommen,
wenn der Wind bläst
und der Sturm tobt
und der Regen gegen das Fenster
schlägt,

dann weiß ich:
Du bist in den Wolken.
Wie in einem großen Wagen
fährst du über den Himmel.

Und wenn es blitzt
und der Donner kracht,
dann kommen sie aus deiner Hand,
der Donner und der Blitz.

Von dir kommt der Bach,
an dem wir gespielt haben,
und abends, wenn wir daheim sind,
kommen dort die Rehe hin
und die Hasen,
und sie trinken von dem Wasser.
Sie trinken von dir,
und du lebst in ihnen.

Sie fressen das Gras,
das du wachsen läßt,
und sie werden schön und groß
und bekommen ein weiches Fell,
weil du ihnen Nahrung gibst.
Und wir freuen uns,
wenn das Getreide groß und voll ist,
weil du uns das Brot gibst.

Du hast die Bäume gemacht
mit ihren großen, starken Ästen
und den vielen Blättern,
in denen sich die Vögel verstecken,
wo sie ihr Nest bauen
und ihre Eier legen
und ihre Kinder füttern,
bis sie fliegen können.

Und wenn sie fliegen können,
dann bist du die Luft,
die sie trägt, unter ihren Flügeln.

Alle warten auf dich,
wenn sie Hunger haben,
und du gibst ihnen ihre Speise.
Wenn du ihnen gibst,
dann finden sie, was sie brauchen.
Aus deiner Hand
kommt alles, was sie essen.

Du gibst ihnen den Atem,
mit dem sie leben.
Wenn du ihnen den Atem nimmst,
sterben sie. Du bist ihr Atem.

Ich freue mich an dir,
und solange du mir den Atem gibst,
will ich dir singen
mit meiner Stimme
und reden, was dir gefällt.

Du bist groß.
Du bist schön.
Ich freue mich an dir,
Vater im Himmel.

Nach Psalm 104

In einem Psalm kann auch vieles aufgefangen und gedeutet werden, das sonst fremd bliebe, und manches, das eigentlich Angst schafft, kann bewundert und so angenommen werden. Wenn es einem Vater gelingt, das Kind, das unter einem Gewitter vor Angst weint, auf den Arm zu nehmen und ihm am Fenster zu zeigen, wie schön die Blitze sind, dann hat er das getan, was seit alters die Psalmen der Bibel tun: nämlich auch das Bedrohliche als Gottes Schöpfung zu rühmen. Etwa der Psalm 148, den wir für unsere Kinder so umformulieren können:

Alles soll singen
und sich freuen über Gott.
Wenn ich gut zuhöre,
höre ich, wie alles ein Lied singt,
laut oder leise oder ganz heimlich.

Dann höre ich, wie alles sagt:
Du Mensch, sing mit!

Alles singt.
Alle unsichtbaren Engel,
die bei Gott sind, singen ihm ihr Lied.
Die Sonne singt, ganz von ferne,
und der Mond.
Und alle Sterne singen miteinander
ihr Lied in der Nacht.

Und manche Sterne,
die so weit weg sind,
daß wir sie nicht sehen, sagen:
Du siehst mich nicht, Mensch.
Aber ich singe, ich singe für Gott,
weit weg von dir, und ganz nah
bei ihm, der mich geschaffen hat.

Alles singt.
Auch hier, auf der Erde,
bei uns, singt es.
Drunten im Meer, wo die Fische sind
und die Seesterne, da singt es:
Wir preisen dich, Herr,
denn du hast uns geschaffen
und bist nahe bei uns,
hier unten im Meer.

Und über uns singt es.
Wenn das Gewitter über uns hingeht,
und der Blitz zuckt
und der Donner rollt,
das ist die Stimme,
mit der die Wolken
Gott preisen und ihm singen.
Es ist ihr Lied.

Wenn der Hagel schlägt und es rauscht
und prasselt, das ist die Stimme,

mit der der Hagel sein Lied singt,
sein Lied für Gott.

Wenn der Schnee leise fällt
und es weiß wird ums Haus
und es wirbelt draußen,
das ist der Reigen,
den der Schnee uns vortanzt,
und er singt leise dazu,
er singt sein Lied
und preist Gott, der ihn sendet.

Und wenn der Sturm braust
und die Bäume sich biegen
und knarren
und pfeifen, das ist ihr Lied.

Aber auch die stillen Berge singen,
sie schauen hinauf zu den Wolken
und liegen da
und schauen in den Himmel
und singen ganz leise:
Du bist Gott, du hast uns geschaffen.
Dich wollen wir preisen.

Und die Bäume, die so still stehen
in ihrem Kleid aus Zweigen,
machen Musik.

Ganz leise
singen sie mit ihren Blättern
und sagen: Hörst du unser Lied?
Es ist ein Lied für Gott,
wir freuen uns, daß wir da sind,
und stehen und wachsen
und singen unser Lied mit dir.

Und unten, in der Erde,
da graben die Maulwürfe
und die Würmer
und schaben die Erde los

und machen sich Gänge und Häuser
unter unsern Füßen.
Und wenn wir feine Ohren haben,
hören wir, was sie tun
und wie sie singen: Danke, Herr,
für das warme Haus in der Erde.

Und überall um uns her,
das hören sogar Leute,
die sonst nichts hören
vom Lied der Geschöpfe,
singen die Vögel auf ihren Zweigen
und sagen: Hier ist mein Platz.
Hier darf ich sein.
Hier fühle ich mich wohl.
Hier bau ich mir mein Nest
und singe mein Lied.

Aber auch die Menschen
sollen ihr Lied singen.
Nicht immer laut.
Manchmal singen wir in Gedanken.
Manchmal sind wir nur fröhlich,
und man kann unser Lied nicht hören.
Aber manchmal sollen wir singen,
laut und schön.

Die Alten und die Jungen
und die Kinder,
die Frauen und die Männer.
Denn wir leben durch ihn,
und wir freuen uns,
daß er uns gemacht hat,
uns und die ganze Welt.

*

Zwei wanderten in die Berge.
Als sie zurückkamen,
wurden sie gefragt:
„Was habt ihr gesehen? Erzählt!"

Da sagte der eine:
„Ach, was schon? Berge, Bäume,
Wiesen, Bäche, blauen Himmel
und Sonnenschein."

Der andere sagte:
„Oh! Berge
und Bäume,
Wiesen und Bäche,
blauen Himmel
und Sonnenschein!"

Man sieht oft etwas
hundertmal,
tausendmal,
ehe man es
zum allererstenmal
wirklich sieht.

Lieber Vater im Himmel,
ich weiß, daß du ganz nahe bist,
und das ist gut.

Du siehst alles.
Du hörst alles.
Du weißt alles,
auch was ich nicht ausspreche,
sondern nur denke.
Das ist gut.

Wenn ich sitze, weißt du es.
Wenn ich aufstehe, weißt du es auch.
Wenn ich auf der Straße gehe
oder in meinem Bett liege,
siehst du mich.
Das ist gut.

Du bist mir von allen Seiten nah.
Du bist die Erde,
auf der ich gehe.
Du bist die Luft um mich her.
Du bist das Licht über mir
und das Dach und der Himmel.

Ich kann mich nirgends verstecken
vor dir, auch wenn ich es will.
Ich kann nicht weglaufen vor dir,
und wenn ich noch so schnell renne.
Das ist gut.

Wenn ich über die Berge fliege
und bis an die Wolken hinauf,
dann bist du dort oben
und siehst mich und hältst mich.
Wenn ich in den dunklen Keller gehe,
wo kein Licht ist,
dann bist du auch dort bei mir,
und ich brauche keine Angst zu haben.

Wenn ich weit fort gehe,
über alle Länder
und über das ganze Meer,
dann bist du auch dort
und führst mich auf meinem Weg.
Das ist gut.

Ich kann nirgends hingehen,
wo du nicht bist.
Und auch, wenn ich einmal sterbe,
kann ich nirgends hinkommen
außer zu dir.

Denn früher,
als ich noch nicht da war,
als es nur Vater und Mutter gab,
da war ich bei dir.
Du hast mich gemacht.
Du hast dir ausgedacht,
wie ich sein soll,
die Farbe meiner Haare
und die Farbe meiner Augen
und meine Stimme und mein Herz.

Früher, als ich in meiner Mutter war,
ganz warm und weich,
da hast du mich wachsen lassen.

Ich danke dir,
daß du mich schön findest
und dich an mir freust.
Ich freue mich auch,
daß ich da bin.
Und ich finde mich auch schön.

Du hast viele Gedanken gedacht,
als du mich gemacht hast,
und ich werde nie
so viele Gedanken haben
in meinem Kopf wie du.

Wenn ich einschlafe
und nicht mehr weiß, wo ich bin,
dann bist du bei mir
und siehst mich.
Und wenn ich aufwache,
bin ich immer noch bei dir.

Es ist gut,
daß du in mein Herz hineinsiehst
und daß ich nichts vor dir
verstecken muß.
Führe mich in allem, was ich tue,
und bewahre mich.
Sei mir immer nahe. Amen.

Nach Psalm 139

✳

Gott, wir loben dich
in der Stille unseres Zimmers.
Draußen ist Regen,
und wir warten auf deine Sonne.

Aber du tust dem Land wohl
mit deinem Regen.
Du läßt die Wolken kommen,
und aus den Wolken sendest du
die Tropfen
und machst die Wiesen
und die Bäume schön.

Auf der Straße
läuft das Wasser ins Tal,
und die Bäche sind viel größer
und tiefer geworden.

So machst du unser Brot.
Das Wasser fließt,
weil du es schickst,
es rinnt über die Äcker,
es tropft von den Zweigen,

es schlüpft in die Erde
und gibt den Wurzeln zu trinken.

Und die harten Schollen
machst du weich mit deinem Regen,
daß das Getreide wachsen kann
und viele Körner tragen.

Wo du vorbeikommst,
du Gott im Regen,
da ist alles fröhlich,
da wird alles reich und satt.

Die Wiesen freuen sich,
und die Wälder singen,
der Wind singt dir ein Lied,
die Berge hüllen sich in Laub
und die Täler in grünes Gras.
Sie jubeln dir zu, ja sie singen dir,
und wir singen dir mit ihnen.
Amen.

Nach Psalm 65

Auch den berühmten „Sonnengesang" von Franziskus von Assisi können wir so nachsprechen, daß ein Kind ihn verstehen kann, soweit es überhaupt um das Verstehen geht und nicht viel mehr um das gemeinsame Staunen vor der Größe und dem Geheimnis des schaffenden und fürsorgenden Gottes:

Du höchster Herrscher der Welt,
du hast alle Macht,
du bist uns und allen deinen
Geschöpfen gut.

Dich rühmen wir,
dir danken wir,
dir legen wir unsere Liebe zu Füßen.

Dir entgegen recken sich die Wipfel,
die Berge schauen auf zu dir,
dir entgegen fliegen die Vögel und
Schmetterlinge.

Zu dir schauen auch wir auf
und sagen dir unseren Dank
mit unseren schwachen
und leisen Worten.

Wir preisen dich, Herr,
und mit uns alle Wesen,
die du geschaffen hast,
für die große Frau Sonne,
unsere liebe Schwester.

Sie bringt den Tag,
und durch sie empfangen wir
dein Licht.
Schön ist sie und leuchtend,
ein helles Feuer,
das uns wärmt an unserem Leib
und an unserem Herzen,

und so preist sie dich.
Sie zeigt, wer du bist:
das Licht und die Wärme
und das Feuer,
du, unser Gott.

Wir preisen dich, Herr,
für unseren Bruder, den Mond,
und unsere Geschwister, die Sterne,
die mit uns dich preisen.

Du hast sie dem dunklen Himmel
geschenkt,
daß sie uns erfreuen
und uns schützen vor der Angst
in der Dunkelheit.

Wir preisen dich, Herr,
für unseren Bruder, den Wind,
und unsere Schwester, die Luft,
und unsere Geschwister, den Nebel
und den Regen und den blauen Himmel,
die mit uns dich rühmen.

Sie tragen Wasser
zu deinen Geschöpfen
und stillen ihren Durst
und erfrischen sie mit ihrer Kühle.

Wir preisen dich, Herr,
für unsere Schwester, die Quelle,
die schöne und reine,
die so klar ist
und die dich von ganzem Herzen
rühmt mit uns allen.

Sie tränkt uns
und die Rehe im Wald
und die Vögel am Bach.
Sie füllt uns gerne unsre Hand,

und wenn wir unsere Füße
in ihr Wasser tauchen,
streichelt sie uns,
zart und freundlich.

Wir preisen dich, Herr,
für unseren Bruder, das Feuer,
das so schön leuchtet,
so rot und golden,
und das dich rühmt mit seiner Glut.

Es prasselt in unserem Ofen,
es wärmt uns, wenn wir frieren,
und macht uns das Essen warm
für unseren Tisch.

Wir preisen dich, Herr,
für unsere Mutter, die Erde,
die so fest ist und so stark
und dich rühmt mit uns allen.

Sie ist reich und groß
und gibt uns, was wir brauchen,
Früchte und Brot
und bunte Blumen und alle Tiere.
Auf ihr bauen wir unser Haus,
und sie trägt es,
so daß wir sicher wohnen.

Wir preisen dich, Herr,
für alle Menschen,
die ein liebevolles Herz haben.
Für alle Barmherzigen
und Freundlichen,
die dir dienen,
deinen Willen tun
und dich rühmen
mit uns allen.

Sie machen, daß es schön ist
unter den Menschen,
so daß wir gerne leben
und uns freuen,
daß sie da sind.

Wir preisen dich, Herr,
auch dafür,
daß wir einmal sterben werden.
Denn auch der Tod ist unser Bruder;
er führt uns zu dir
und zeigt uns den Weg in dein Reich.
Wir können ihm vertrauen
und an seiner Hand gehen,
bis wir dich schauen,
Vater im Himmel.

Wir preisen dich, Herr,
dir danken wir
mit allen deinen Geschöpfen. Amen.

ooooooooooooooooooooooooooooooooo

Was tun wir mit dem Bösen?

Im Herbst fragen wir: Wie steht es
mit uns selbst? Der Herbst ist von jeher
die Zeit der Selbstbesinnung. Nicht nur
das Michaelisfest, das den Herbst ein-
läutet, beschäftigt sich mit dem, was in
dieser Welt nicht in Ordnung ist, auch

die Feiertage des Herbstes, etwa der
Bußtag, fragen, wie man mit dem Bösen
umgehen soll; mit dem Bösen um uns her
und mit dem Bösen in uns selbst.

Das ist durchaus ein Thema auch für
Kinder. Ist Ihnen irgendwo einmal eine
Familie begegnet, in der allgemeiner
und vollkommener Friede herrschte?
Wir haben so gut wie überall auch den
Streit gefunden, den offenen oder versteckten, Mißverständnisse, Ansprüche,
heimliche Anklagen, mehr oder minder
harmlose Schwindeleien und Eigen-
süchteleien. Eine heile Welt ist uns kaum
irgendwo begegnet, auch nicht in unserem eigenen trauten Kreis, wohl aber
fanden wir manche Mutter, die bis zur
Entkräftung damit beschäftigt war, Frieden zu stiften, und manchen Vater, der
mit der Reglosigkeit eines Elefanten den
Streit seiner Kinder überhörte. Eltern
machen immer irgend etwas falsch, und
die Kinder kommen nirgends als Engel
zur Welt. Aber hat man nicht gelernt,
eine Familie müsse ein Hort der Liebe
und des Friedens sein? Was also tun?

Zunächst die Frage: Was ist eigentlich böse? Vielleicht beginnt „Erziehung" im eigentlichen Sinn immer wieder damit, daß wir klarstellen: Böse ist
nichts außer dem, was gegen die Liebe
verstößt. Es geht also nicht um Moral,
sondern um Freundlichkeit und ums Zusammenstehen. Jedenfalls für die Christen gibt es nur ein Maß: die Liebe, und
nur eins, das wir „böse" nennen: die
Verletzung der Liebe. Das können Kinder gut begreifen. Da Kinder im allge-

meinen selbst gerne „lieb" sein möchten, brauchen wir sie mit keinerlei Forderungen zu überfremden, die sie nicht selbst bejahen können.

Zweite Frage: Was macht man, wenn man „böse" war? Das ist durchaus eine religiöse Frage. Denn „die Liebe ist von Gott", sagt die Bibel. Dieses Maß ist dem Menschenleben von Gott eingestiftet. Aber wir sollten vermeiden, daß Streit und Verfehlung zu kurzschlüssig mit religiösen Worten zugedeckt werden. Wir kannten eine Familie, in der die Kinder sich mit Vergnügen und aller zugehörigen Bosheit zu prügeln pflegten. In solchen Fällen setzte sich die Mutter ans Klavier, und alle zusammen mußten das Lied aus dem Gesangbuch singen: „Herz und Herz vereint zusammen sucht in Gottes Herzen Ruh. Lasset eure Liebesflammen lodern auf den Heiland zu…"

Die Kinder sangen und hätten sich dabei am liebsten die Augen ausgekratzt. Erziehung zum Frieden ist ein eminent religiöses Thema, aber sie sieht sicher nicht so aus, daß man den Streit mit Lied oder Gebet zudeckt. Wir suchen in nüchternen Gesprächen die Gründe des Streits auf, sprechen die Meinungsverschiedenheiten aus und suchen in der strittigen Sache einen für alle gangbaren Weg. Danach können wir die Fehler und Dummheiten des einen oder anderen beim Gutenachtgebet Gott in die Hände legen. Damit meinen wir nicht, daß alles geklärt sein muß, ehe man sich versöhnt. Das freundliche Wort muß

vorausgehen, damit das Gespräch Sinn hat. Dem Gespräch aber folgt das Vertrauen.

Beim Gutenachtgebet ist der richtige Platz auch deshalb, weil es eine alte und bewährte Regel ist, daß alles Verdrießliche eines Tages vor dem Schlafen ausgeräumt und kein Unfriede über die Nacht weitergeschleppt wird.

Eine zweite Regel ist die, daß der Erwachsene sich immer voll einbezieht. Auch die Mutter und der Vater geben zu, was sie verkehrt gemacht haben, und bitten um Verzeihung. Nicht nur Gott, sondern auch die Kinder. Und wenn bei einem Zusammenstoß zwischen Mutter und Kind der Anteil der Mutter am Unfrieden noch so klein war, wird alles erst dann glaubhaft, wenn sie sich bei der Bitte um Vergebung voll mit einbezieht.

Und die dritte Regel ist die, daß am anderen Morgen mit keinem Wort und keiner Andeutung mehr davon die Rede ist. Am Morgen beginnt wirklich ein neuer Tag.

Was man Gott einmal in die Hände gelegt hat, holt man nicht zurück. Und für die Kinder ist dies eine Erfahrung, die ihr religiöses Denken tief bestimmen kann, daß das möglich ist: etwas, das nicht in Ordnung war, ganz und gar abzugeben und wegzulegen, christlich gesprochen: daß es eine Vergebung gibt.

ooooooooooooooooooooooooooooooo

Vergebung und Neuanfang

Vielleicht reden wir an einem Abend, nachdem irgend etwas Ungeschicktes geschehen war, mit Gott etwa so:

Lieber Vater im Himmel,
du siehst alles, was wir tun.
Du hörst alles, was wir reden.
Du weißt alles, was wir denken.
Du weißt es viel besser
als wir selbst.
Manchmal wissen wir am Abend
schon nicht mehr,
was wir am Morgen getan haben.

Manchmal sind wir neidisch,
weil ein anderer mehr hat.
Manchmal nehmen wir uns etwas,
das uns nicht gehört.

Manchmal machen wir im Zorn
etwas kaputt.
Und dann ist Streit.
Wir möchten aber, daß Frieden ist.

Manchmal sagen wir nicht ganz,
was gewesen ist,
und schwindeln ein bißchen.
Manchmal schwindeln wir auch
beim Spielen.
Wir sagen: Nein, ich war's nicht.

Und dann sind wir nicht froh,
sondern wir verstecken uns
und haben Angst.
Wir möchten aber, daß Frieden ist.

Manchmal ärgern wir jemand
oder sagen etwas Böses über ihn
oder lachen ihn aus.

Dann ist er traurig.
Wir möchten aber, daß alles gut ist
und Frieden zwischen uns.
Dann ist es auch nicht gut
zwischen dir und uns,
Vater im Himmel.
Wir möchten aber, daß du uns liebst
trotz allem, was wir tun.
Wir vertrauen dir,
daß du uns wieder fröhlich machst
und daß Frieden wird
in unserem Haus
und Frieden in uns selber.

✳

Was wir getan, o Herr, vergib,
sei bei uns und behalt uns lieb.
Laß uns heut nacht in Frieden ruhn
und morgen deinen Willen tun.

Bitte um Frieden

Gib Frieden, Herr,
in dieser ganzen Welt,
in deiner guten Hand
ist alle Macht,
du leitest Sonne, Stern und Wind,
wie dir's gefällt,
und hütest unser Leben
Tag und Nacht.

Du kannst auch allen
bösen Mächten wehren,
beschütze alle Menschen,
Mann und Frau und Kind,
daß Krieg und Feuer
nicht die Stadt verzehren
und unser Haus,
in dem wir glücklich sind.

Vertreibe, Herr,
aus unsrer Mitte
auch allen kleinen Streit
und mach uns still
und lenke unser Wort
und unsre Schritte,
daß Frieden unser Herz
und Haus erfüll.

*

Wir wollen Gott preisen
Tag für Tag.
Wir wollen ihm danken,
daß er sich um uns kümmert.
Wenn wir Gott suchen,
wenn wir zu ihm sprechen,
dann hört er uns
und nimmt uns unsere Angst ab.

Wenn wir zu Gott sprechen,
dann macht er uns fröhlich,
er macht unser Gesicht hell
und unser Herz leicht.

Wenn wir ihn bitten,
dann hört er uns
und hilft uns.
Wir verlassen uns auf ihn.

Und wenn wir böse waren
zueinander und lieblos,
und es drückt uns
wie ein schweres Gepäck,
dann nimmt er es uns ab.

Er nimmt uns in den Arm
und sagt: Du bist mein Kind.
Ich lasse dich nicht los.
Ich habe dich lieb.

Er sagt: Leg es alles weg
und geh wieder zu den anderen
und sei fröhlich und habe sie lieb.
Ich denke nicht mehr daran.

Nach Psalm 34

*

Herr, himmlischer Vater,
du bist das Licht.
Gib mir klare Augen,
daß ich dich schaue.
Du bist mein Schutz.
Gib mir die Kraft, dir zu folgen,
wohin du mich führst.

Du bist die Liebe.
Gib mir Liebe zu denen,
die mit mir gehen.

Ich bin dein. Amen.

Ein jüdischer Junge schrieb im War-
schauer Ghetto, wo die Juden einge-
schlossen und ausgehungert wurden, an
eine Mauer:

Ich glaube an die Sonne,
auch wenn sie nicht scheint.

Ich glaube an die Liebe,
auch wenn ich sie nicht spüre.

Ich glaube an Gott,
auch wenn ich ihn nicht sehe.

Gott ist mein Licht,
wenn es finster ist.
Er ist mein Schutz,
wenn ich Angst habe.
Vor wem sollte ich mich fürchten?
Vor den Menschen?
Gott ist stärker.
Vor dem Alleinsein?
Gott ist bei mir.

Verlaß mich nicht,
Herr und Gott,
zeige mir meinen Weg, begleite mich.
Wenn du bei mir bist,
habe ich Mut.
Wenn du mir hilfst, bin ich stark.

Du, Gott, bist mein Licht,
wenn es finster ist,
und mein Schutz in der Nacht.
Ich danke dir,
daß du mir hilfst. Amen.

Nach Psalm 27

Lebensweg und Lebenskreis

Hier könnten auch Überlegungen am Platze sein, wie wir heute zusammen mit unseren Kindern zu Maßstäben kommen wollen, die Sinn haben und gelten können und woran wir uns eigentlich orientieren. Denn damit wachsen unsere Kinder auf, daß sie täglich Hunderte von Stimmen hören, die sagen: Tu das! Kauf jenes! Glaube mir, ich weiß, was das Beste ist! Sei modern! Sei unabhängig! Laß dir von deinen Eltern nichts gefallen! Nimm, was dir zusteht! Setze dich durch! Sieh zu, daß du alles bekommst, was die anderen haben!

Die Welt der Kaufhäuser und der Großstadtstraßen, der Unterhaltung und des Verbrauchs, die Welt, in der das Fernsehen alles macht und der Zuschauer nur noch zu schauen braucht, um sich als Teilhaber in der großen weiten Welt zu fühlen, erfordert von einem Kind ein früher unnötiges Maß an Klarheit, Entscheidungskraft und Standfestigkeit. Sie erfordert, daß es seine Phantasie und Schaffenskraft nicht an ein Massenmedium abgibt, weder an Comics noch an Illustrierte noch auch an den Freundeskreis in der Diskothek, sondern erklären kann: Was mir gefällt, weiß ich selber. Was für mich gut ist, dafür nehme ich das Maß anderswoher.

Das erreichen wir nicht dadurch, daß wir unserem Kind über Film und Fernsehen, über Plattenstars oder alternative Kleidung negative Meinungen vermitteln – die könnten ja nur beweisen, daß wir eben nichts davon verstehen –, wir erreichen es vielleicht schon eher dadurch, daß wir in der Familie gemeinsam herausfinden, was uns entspricht und was für uns gut ist, nicht nur für die Kinder, sondern für Eltern und Kinder gemeinsam.

Wir verzichten in diesem Buch darauf, das Fernsehen, die Politik, die Unterhaltungsbranche oder die Probleme des Konsums in formulierte Gebete einzubeziehen. Das Aktuelle ergibt sich ja aus dem gemeinsamen Leben. Und wenn das religiöse Leben in einer Familie Eltern und Kinder verbunden hat, ergeben sich Lösungen für all dies durch die gemeinsame Bemühung.

Was können wir im Gebet tun? In den Psalmen ist immer wieder vom „Weg des Menschen" die Rede, vom richtigen und falschen, vom Achten auf den richtigen Weg oder vom Vertrauen in den Gott, der dem aufmerksamen Menschen den rechten Weg zeigt. Der bekannte 23. Psalm, der mit dem Wort beginnt „Der Herr ist mein Hirte, mir wird nichts mangeln", könnte für ein Kind etwa so lauten:

Mein Vater im Himmel
hält mich an der Hand.
Er ist mir wie eine Mutter,
die für mich sorgt.
Was sollte mir fehlen?
Er führt mich,
wenn ich unterwegs bin.
Er weiß meinen Weg.
Wenn er mich führt,
kann ich mich nicht verirren.
Er hilft mir,
auf meinen Weg zu sehen,
so daß ich merke,
was gefährlich ist,
und das Richtige tue.

Und wenn die Autos
die Straße verstopfen
und die Menschen sich drängen,
wenn die Straßenbahn kommt
und die Krankenwagen
mit dem Blaulicht vorbeirasen,

dann bitte ich ihn,
daß er mich schützt.
Denn oft habe ich Angst
und brauche einen,
der mich festhält.

Wenn aber der Herr bei mir ist,
fürchte ich kein Unglück.
Er behütet mich.
Er bringt mich wieder nach Hause,
und zu Hause ist die Tür offen.
Vater und Mutter sind da,
der Tisch ist gedeckt,
und alles ist schön und still.
Was soll mir fehlen?

Und wenn alle anderen
gegen mich sind, mich ärgern
und mich verspotten,
dann habe ich einen,
der mich versteht. Das ist der Herr.
Zu ihm kann ich kommen
und sagen: Hilf du mir.
Danke, daß du mich
nicht allein läßt.

Und wenn ich keinen Mut habe,
weil alles so schwer ist
und weil ich fürchte,
ich könne doch alles nicht,
was man von mir verlangt,
dann weiß ich:
Er verachtet mich nicht,
wenn ich etwas falsch mache,
und er hilft mir, zu lernen,
was schwierig ist.

Mein Vater im Himmel
hält mich an der Hand.
Mir kann nichts fehlen.

Er ist mir wie eine Mutter.
Es kann geschehen, was will,
bei ihm bin ich zu Hause.

Und wenn ich einsam bin
und verlassen von allen Menschen,
wenn ich krank bin
und mich vor dem Tod fürchte,
wenn ich etwas Falsches gemacht
und etwas Böses getan habe,
wenn ich nicht mehr weiß,
ob Gott noch bei mir ist,
dann bleibt er doch da,
und ich brauche nicht zu fürchten,
ihn zu verlieren.

Ich bin Gast in seinem Haus.
Ich bin sein Kind.
Die Tür ist offen,
solange ich lebe,
und wenn ich sterbe,
nimmt er mich bei sich auf.

Ich danke ihm
und vertraue mich ihm an.
Amen.

   Wenn die Eltern den Psalm 121 in ihrer Bibel aufsuchen und ihn für sich und
ihre Kinder neu fassen wollen, kann er
vielleicht so lauten:

Vater im Himmel,
manchmal haben wir niemand,
der uns hilft.
Dann lassen wir den Kopf hängen.
Aber es ist ja viel besser,
nach oben zu schauen,
zu den Bergen,
und noch höher: zu dir.

Du hast den Himmel gemacht
und die Erde,
und auch, was uns Freude macht
oder Kummer, kommt von dir.

Du gibst uns Sicherheit und Kraft,
du zeigst uns unseren Weg.
Du bist selbst der Weg,
auf dem wir gehen,
so daß wir unser Ziel
nicht verfehlen.

Du behütest uns,
auch wenn wir meinen,
du seiest weit weg von uns,
du könnest uns nicht sehen
und unser Gebet nicht hören.
Du bist dicht neben uns,
über uns, um uns her.
Du schläfst nicht.
Du bist kein Mensch,
der müde würde wie wir.

Du bist wie ein Schatten,
der uns schützt in der Hitze.
Du bist wie ein Licht,
das uns in der Nacht leuchtet.

Der Herr ist bei uns
und behütet uns miteinander.
Er hilft uns,
wenn wir etwas anfangen,
und er vollendet, was wir tun.

Er behütet uns,
wenn wir aufbrechen
und wenn wir heimkommen,
jetzt und morgen
und unser ganzes Leben lang
und in Ewigkeit. Amen.

Feiern und Feste

*

Geburtstag

Der Geburtstag ist für Kinder ein beliebter Anlaß, Freunde und Freundinnen einzuladen und bei Kaffee und Kuchen den Gastgeber zu spielen. Aber wir begehen den Geburtstag ja auch bewußt als Familienfest. Das kann sehr lustig mit Liedern und Versen geschehen und mit feierlichem Öffnen der Päckchen, wobei das Geburtstagskind raten muß, was drin ist. Und während auf dem Tisch ein Ring aus Holz oder ein Teller steht, auf dem nach der Zahl der Jahre, die gefeiert werden, die Kerzen brennen, überreichen wir die einzelnen Geschenke zu Versen ähnlich den folgenden. Die sollen keine Dichtung sein. Sie sind für den Hausgebrauch gemacht. Und vielleicht machen sie Ihnen Lust, selbst solche Verse für einen Kindergeburtstag zu dichten.

Wir wünschen dem Geburtstagskind
Glück, Segen, Heil und Fröhlichkeit!
Wir wünschen, daß wir so wie heut
noch viele Jahr' beisammen sind.

Der Kreis ist bunt, der Kreis ist rund.
So werde jede Stunde wahr,
an jedem Tag in diesem Jahr:
Sei kugelrund und kerngesund.

Wir haben Kerzlein aufgestellt
genau nach deiner Jahre Zahl
und wünschen, daß ihr heller Strahl
und warmer Schein dir niemals fehlt.

Und dieser Kuchen, rund und dick,
wünscht dir, wenn du ihn nimmst und ißt,
daß Gott dir, wenn du traurig bist,
zum Trost auch etwas Süßes schick!

Wir bringen Päckchen, wohl verschnürt,
in denen ein Geheimnis wohnt.
Denk nach und rat! Das Öffnen lohnt.
Rat auch, wem dafür Dank gebührt.

Wir singen auch ein Lied. Gib acht!
Mög so ein Lied, ganz klar und rein,
allzeit in deinem Herzen sein,
das allen Menschen Freude macht.

Wir nehmen dich, Geburtstagskind,
ganz fest ans Herz und in den Arm
und wünschen, daß ein Plätzlein warm
sich alle Tage für dich find't.

Wir bitten Gott für Seel und Leib,
daß er dich schütze in Gefahr,
dich führ und segne und bewahr
und seine Liebe um dich bleib.

*

Vielleicht auch ergibt sich die Möglichkeit zu einer kleinen Feier, bei der wir im Wechsel sprechen. Etwa so:

Vater:
Ich will den Herrn loben allezeit.
Sein Lob soll immerdar
in meinem Munde sein.

Ich will den Herrn rühmen,
und alle sollen es hören
und sich mit mir freuen.

Preiset mit mir den Herrn
und laßt uns miteinander
ihm danken.

Mutter:
Wir danken dir,
Vater im Himmel,
daß du unser Geburtstagskind
dieses ganze Jahr behütet hast.
In vielen Gefahren
hast du es bewahrt,
du hast es gesund gemacht,
wenn es krank war.
Wir danken dir,
daß du uns geführt hast
bis zu diesem Tag.
Führe uns weiter an deiner Hand.

Alle:
Du stehst uns bei in viel Gefahr,
du machst uns reich
an Liebe und an Segen.
Führ uns zu dir,
führ uns auf deinen Wegen
an jedem Tag in diesem neuen Jahr.

Vater:
Wir danken dir, Herr und Gott,
daß du bei uns wohnst
in unserem Haus.
Hilf uns einander liebhaben
und zueinander stehen,
wie du uns liebst
und zu uns stehst.

Alle:
Du stehst uns bei in viel Gefahr,
du machst uns reich
an Liebe und an Segen.
Führ uns zu dir,

führ uns auf deinen Wegen
an jedem Tag in diesem neuen Jahr.

Mutter:
Wir danken dir, Herr und Gott,
daß du uns begleitest.
Du gibst uns einen fröhlichen Tag.
Gib uns nun ein Herz voll Vertrauen
für das neue Jahr unseres Kindes
und geleite uns.

Der Herr behüte uns vor allem Übel.
Er behüte unsere Seele.

Vater:
Der Herr behüte
unseren Eingang und Ausgang
von nun an bis in Ewigkeit. Amen.

❋

Und vielleicht denken die Eltern am
Abend für sich allein noch den Gedanken des folgenden Gebetes nach:

Herr und Vater,
du Schöpfer alles Lebens
und Geber allen Glücks:

Wir danken dir,
daß du uns dieses Kind geschenkt hast.
Wir danken dir,
daß du es in so viel Gefahr
bewahrt hast.
Wir danken dir,
daß du uns diese große,
wunderbare Aufgabe anvertraut hast.

Wir danken dir auch für alles,
was uns Mühe macht
mit diesem Kind.

105

Wir bitten dich um deine Vergebung
für all unser Versagen
und all unsere Ungeduld.
Wir bitten dich um Vergebung,
wenn wir dieses Kind nicht so liebten,
wie es unser Kind gebraucht hätte,
wenn wir es verängstigt oder verletzt,
übersehen oder allein gelassen haben.

Hilf du uns weiter,
uns und deinem Kind.
Gib uns freundliche Gedanken
und die Fröhlichkeit des Herzens,
aus der die guten Einfälle kommen.

Gib uns Gesundheit,
uns und deinem, unserem Kind.
Segne uns miteinander
und gib uns Frieden.

ooooooooooooooooooooooooooooooooo

Vom Sinn der Taufe

Vielleicht haben Sie Tage oder Wochen nach der Geburt Ihres Kindes die Taufe gefeiert. Vielleicht auch nehmen Sie die alte und schöne Sitte auf, die in vielen Familien besteht: daß nämlich unter den Kerzen, die im Schrank stehen, eine besonders schöne, dicke und große Kerze ist, die nur an den Tauftagen eines Kindes auf dem Tisch steht, das heißt an dem Tage, an dem wir ein Kind taufen, und an dem, an dem sich jeweils die Taufe jährt.

Die Taufe, wir sagten es schon, erzählt von der Liebesgeschichte, die zwi-

schen Gott und den Menschen gespielt hat und spielt und aus der wir das Vertrauen haben, es werde mit unserem Leben auf dieser Erde seinen Sinn haben und es werde auch, was danach sein wird, gut sein. Die Taufe erzählt: In Jesus Christus kam Gott zu uns, gleichsam „herab" in unsere Welt. Und Jesus stieg ins Wasser hinab und ließ sich von ihm überschwemmen. Das Wasser ist ein Symbol des Leidens, des Elends und des Untergangs, ein Symbol letztlich des Todes. Aber dann stieg er aus dem Wasser wieder herauf und nahm damit vorweg, was danach mit ihm geschah: daß er den Tod erlitt und aus dem Tode lebendig hervorging. Er empfing die neue, große Freiheit und Lebendigkeit, die wir Menschen nach unserem Tode bei Gott finden sollen.

Das sagt die Taufe: Wer in diese Welt hereinkommt, und sei es ein noch so unschuldiges Kind, der hat das Schicksal eines Menschen vor sich: Der kann sich vor Leid nicht bewahren. Der bleibt gefährdet von außen und von innen. Der kann sich auch nicht reinhalten von Schuld und Unrecht. Der wird schließlich in irgendeiner Weise auch den Tod erleiden, der zum Leben in dieser Welt gehört. Aber das, so sagt die Taufe, ist nicht alles. Es gibt ein Auftauchen aus dem tödlichen Element.

Früher sagte man, wenn man mitteilen wollte, man habe ein Kind getauft: „Wir haben es aus der Taufe gehoben." Wichtig war also nicht, daß man ein Kind in das Wasser im Taufbecken tauchte, sondern daß man es heraus-hob, daß man sozusagen den Untergang im Wasser nachspielte, vor allem aber die Rettung aus dem Wasser. Und das ist dann die Taufe: ein Bild für die Rettung des Menschen aus dem Tode.

Das Wasser kann freilich auch andere Bedeutung haben als den Tod. Es kann auch die kleine Vorform des Todes bilden: Die Lieblosigkeit. Die Eigensucht. Die Gewalttat. Die Unwahrhaftigkeit. Insgesamt die Schuld, die ein Mensch auf sich lädt. Und dann sagt das Bild von dem Menschen, den man ins Wasser taucht und wieder aus dem Wasser heraushebt: Es gibt eine Befreiung auch von Schuld. Es gibt eine Vergebung. Es gibt einen Neuanfang, was immer geschehen mag. Und das gilt nun von dem Kind, das wir taufen: Es kann in Schuld geraten oder in ein schweres Schicksal, es mag endlich in Leid und Tod versinken: Ihm ist zugesagt, daß Gott einen Weg für es hat. Einen Weg des Neuanfangs in dieser Welt, einen Weg des Neuanfangs nach diesem Leben, durch Jesus Christus, der auch für dieses Kind gelitten hat und gestorben und auferstanden ist.

Vielleicht ist ein Wort darüber nötig, warum wir kleine Kinder und nicht erwachsene Menschen taufen. Für die Taufe der Erwachsenen läßt sich sagen, daß ein Mensch ja wissen sollte, was er tut, wenn er sich für den Weg eines Christen entscheidet. Für die Kindertaufe läßt sich sagen, daß im Grunde alle wichtigen Vorgänge im Menschenleben nicht von uns gemacht und bewirkt werden, sondern an uns geschehen. Wir bringen uns nicht selbst zur Welt. Wir machen uns nicht selbst zu denen, die wir sind. Wir bestimmen nur sehr teilweise unser Schicksal. Ein Partner muß uns begegnen, Kinder werden uns zugeteilt, wie sie nun einmal sind, und unser Tod ist am Ende erst recht eine Sache, die an uns geschieht.

Wir geben der Wahrheit unseres Lebens Ausdruck, wenn wir auch von der Taufe sagen: Sie geschieht an uns, und wir nehmen, was sie bedeutet, dankbar an.

Der Tauftag

Vielleicht sprechen Vater oder Mutter die folgenden Verse, während die große Taufkerze auf dem Tisch steht, die immer nur an den Tauftagen angezündet wird:

Lobe den Herrn, meine Seele,
und was in mir ist
seinen heiligen Namen.

Lobe den Herrn, meine Seele,
und vergiß nicht,
was er dir Gutes getan hat.

Er vergibt dir alle deine Sünde
und heilt alle deine Leiden.
Er erlöst dein Leben vom Tode
und krönt dich
mit Gnade und Barmherzigkeit.

*

Lieber Vater im Himmel,
wir danken dir,
daß wir getauft sind.
Nun gehören wir dir.
Nun sind wir bei dir zu Hause.
Nun steht uns die Tür offen
zu deinem Haus,
jetzt und in Ewigkeit.

Gib uns, was wir brauchen:
Gesundheit und Freude
und vor allem
viel Liebe zueinander,
denn wir sind doch
deine Kinder.

Auf dich, Vater im Himmel,
sind wir getauft.
Du hast uns geschaffen,
aus dir leben wir.

Auf dich, Herr Jesus Christus,
sind wir getauft.
Du bist für uns in den Tod gegangen
und ins Leben.

Auf dich, Heiliger Geist,
sind wir getauft,
du willst uns erfüllen
mit Liebe und mit Zuversicht.

Du bist der eine Gott.
Wir danken dir,
daß du über uns bist und bei uns
und in uns in Ewigkeit. Amen.

*

Laß mich dein sein und bleiben,
du treuer Gott und Herr,
von dir laß mich nichts treiben,

halt mich bei deiner Lehr.
Herr, laß mich nur nicht wanken,
gib mir Beständigkeit;
dafür will ich dir danken
in alle Ewigkeit.

Vielleicht erklären Sie Ihrem Kind im Zusammenhang mit der Erinnerung an seine Taufe die beiden Namen, die es trägt:

Du hast einen Vornamen. So heißt du. Du bist du. Mit deinem eigenen Gesicht. Mit deinen schwarzen Haaren und braunen Augen. Mit deiner eigenen Stimme. Du bist etwas Eigenes und etwas Besonderes. Und das sagt Gott in deiner Taufe zu dir: So, wie du bist, kenne ich dich aus Millionen heraus. Und ich bewahre dich in meiner Hand. Ich führe dich. Ich liebe dich.

Und du hast einen Familiennamen. Den haben auch dein Vater und deine Mutter und deine Geschwister. So gehören wir zusammen. Wie deine Eltern heißen, so heißt du auch. Und Gott will, daß wir so zusammengehören und zusammenstehen und zusammenbleiben. Und das sagt dir Gott in der Taufe: Du gehörst zu allen den Menschen, die getauft sind wie du. Die bilden eine große Familie um unsere kleine Familie herum. Du brauchst nicht allein zu leben, auch wenn wir Eltern gestorben sind oder du meinst, niemand stehe zu dir. Die Gemeinschaft der Getauften, das ist die Gemeinschaft, zu der du auf alle Fälle gehörst.

Das hat Jesus gesagt:

Schaut euch die Spatzen an
draußen auf den Bäumen!
Was sind sie schon wert?
Kaum einen Pfennig.

Aber keiner fällt vom Ast,
wenn euer Vater im Himmel
es nicht will.

Ihr Menschen aber seid noch wertvoller
in seinen Augen.
Er hat alle eure Haare
auf eurem Kopf gezählt.

Fürchtet euch also nicht.
Ihr seid Gott kostbarer
als viele Sperlinge.

Nach Matthäus 10

Und das sagt Gott über dich:

Du willst mir vertrauen,
so werde ich dir auch helfen.
Du bittest mich um Schutz,
so will ich dich auch stützen.
Du rufst zu mir,
so will ich dich hören.

Ich bin bei dir in der Not.
Ich rette dich
und führe dich ins Licht.
Ich gebe dir Leben
jetzt und ewiglich,
und du sollst am Ende
mich schauen.

Nach Psalm 91

Kinder spielen Kirche

Am Sonntag wurde das kleine Schwesterchen getauft. Was ist selbstverständlicher, als daß die Ältere ein paar Tage später ihren Bären weiß verschnürt und mit Wasser tauft?

Am Hochzeitstag der Tante ging die Kleine vor dem Brautpaar und streute Blumen auf den Weg zur Kirche. Warum sollte sie nicht nachspielen, was sie sah, vielleicht mit dem Nachbarjungen, den sie so heiß liebt?

Als der Großvater starb, versammelte sich die Familie auf dem Friedhof und gab ihm in einer feierlichen Bestattung ein letztes Geleit. Nun stirbt der Wellensittich. Warum, da er doch zur Familie gehört, soll man ihn einfach verscharren? Er muß doch auch richtig bestattet werden!

Es wäre überhaupt kein Problem mit alledem verbunden, wenn sich den Eltern, falls sie es mit dem christlichen Glauben ernst meinen, nicht doch ein wenig das Gewissen kräuselte. Darf man das? Kann man das? Man kann doch über einem Bären nicht „den Vater, den Sohn und den Heiligen Geist" anrufen. Man kann doch nicht die zwei Nachbarskinder verheiraten, „bis der Tod sie scheidet". Man kann doch bei einem Wellensittich am Grab nicht von Auferstehung reden? „Das tut man nicht", ist häufig die Auskunft, die die Kinder dann bekommen.

Sind die Eltern religiös nicht gebunden und bedeuten ihnen Taufe, Trauung

und Bestattung nicht mehr als eben eine von der Sitte vorgeschriebene Zeremonie, dann steht es nicht günstiger. Dann schauen sie dem Spiel der Kinder mit jener freundlichen Duldsamkeit zu, oder gar jenem Vergnügen (Sieh mal, wie niedlich!), die einem Kind am wenigsten bekommen.

Wir haben in einem anderen Buch einmal die Frage besprochen, ob denn Bären beten können. Wir hatten einmal gehört, wie ein kleines Mädchen sich beklagte, als der ältere Bruder statt der Mutter abends mit ihm gebetet hatte: „Bei dem darf man nicht einmal dem Bären die Hände zusammenlegen!" Dem Jungen war das Gebet wichtig, und er fand, daraus mache man keine Spielerei. Wir meinen aber: Jawohl, Bären können echt und wirklich beten. Und zwar deshalb, weil ein Bär keineswegs in erster Linie das Industrieprodukt aus Stoff und Glasaugen ist, das man im Laden kauft. Ein Bär ist, was das Kind in ihn hineinlegt und dann in ihm sieht. Es legt ein lebendiges Wesen in ihn hinein, nämlich sich selbst, und der Bär ist nun ein Teil des Kindes. Gehe ich als Vater oder Mutter mit dem Bären meines Kindes um, dann darf ich, wenn das Kind dabeisteht, mich gegenüber dem Bären nicht anders verhalten, als ich es auch dem Kind gegenüber täte.

Werfe ich ihn in eine Ecke, dann tue ich das für das Empfinden des Kindes mit ihm selbst. Eine junge Frau schilderte uns, mit welchem Entsetzen sie als Kind ihre geliebte, von ihrer Mutter gewaschene Stoffpuppe an den Haaren an der Wäscheleine hängen sah. Wie kann man so grausam sein und eine Puppe an den Haaren aufhängen! Noch die junge Frau war von der Empörung des Kindes nicht frei geworden.

Und hier erheben sich die genannten Fragen: Darf man eine Puppe taufen? Darf man die kleine Eva mit dem Klaus von nebenan verheiraten? Darf man ein Meerschweinchen im Stil einer christlichen Bestattung der Erde übergeben – „Erde zu Erde, Staub zum Staube"? Denn die Frage ist ja die: Wer ist die Puppe? Wer ist das Meerschweinchen?

Hat das Kind begriffen, daß man es in der Taufe dem Schutz und Segen Gottes anvertraut hat, dann wird es das vielleicht auch für seine Puppe wünschen. Es möchte also, daß dieses Ritual, das Schutz und Segen verheißt, an ihm selbst, soweit es mit der Puppe identisch ist, wiederholt wird. Warum soll es nun seiner Puppe nicht diesen Segen wünschen?

Hat das kleine Mädchen begriffen, daß Mann und Frau, wenn sie einander lieben, in der Trauung Treue und Liebe versprechen und dazu den Segen Gottes empfangen, dann wird es einen guten Sinn darin sehen, daß es mit dem Nachbarjungen auf ähnliche Weise verbunden wird.

Hat das Kind gesehen, daß man von einem Menschen feierlich Abschied nimmt, dann wird es das auch für sein heißgeliebtes Tier wünschen, mit dem es sich meist dichter zusammensieht als mit irgendeinem erwachsenen Menschen.

Was also ist zu tun?

Vielleicht werden wir bei der Taufe einer Puppe die zentrale Aussage der Taufe aussparen, also nicht „im Namen des Vaters und des Sohnes und des Heiligen Geistes" taufen, wohl aber etwa so: „Ich taufe dich auf den Namen Ludmilla Apfelmost. Mögest du lange und fröhlich leben, zusammen mit deiner Puppenmutter Eva Elisabeth, und vor allem Übel bewahrt sein an Leib und Seele." Oder ähnlich.

Vielleicht werden wir dem kleinen Brautpaar folgende gewichtige Frage stellen: „Ich frage dich, Eva Elisabeth, willst du den hier gegenwärtigen Klaus Martin treu und herzlich lieben, ihn nicht beschimpfen, nicht prügeln, nach jedem Streit dich immer wieder mit ihm vertragen, immer zu ihm halten, wenn er dich braucht, und ihn nicht im Stich lassen über diesen ganzen Sommer? Ist dies dein redlicher Wille, dann antworte mir: Ja." Und umgekehrt fragen wir so Klaus Martin. Und dann steckt man den beiden irgendwelche Ringe an den Finger, und wenn noch ein Liedvers gesungen werden soll, dann eignet sich für Erwachsene, die es ernst meinen, und für Kinder, deren Spiel ebenso ernst ist, der schlichte und schöne Vers:

Der ewig reiche Gott
woll uns bei unsrem Leben
ein immer fröhlich Herz
und edlen Frieden geben

und uns in seiner Gnad
erhalten fort und fort
und uns aus aller Not
erlösen hier und dort.

Und wenn wir den Kanarienvogel bestatten, mit Blumen und einem Kranz, den wir selbst machen, dann halten wir dazu vielleicht folgende Ansprache: „Wir danken dir, kleiner Kanarienvogel, daß du bei uns gewesen bist. Daß du so lustig warst und so schön gesungen hast. Du bist uns ein lieber Gast gewesen. Wir danken dir und legen dich in die Erde. Wir legen dich in die Hände Gottes, der dich geschaffen hat. Wir segnen dich. Der Herr behüte deinen Ausgang und Eingang von nun an bis in Ewigkeit." Und wenn das Kind wissen will, ob der Vogel auferstehen werde, dann sagen wir genau das Falsche, wenn wir sagen, wie man es traditionellerweise meint: Nein, ein Tier wird nicht auferstehen. Denn das Kind, das sich mit dem Vogel in eins setzt, hat ja seine eigene Auferstehung mit im Auge. Und darum hat auch der Vogel eine Auferstehung vor sich. Und insofern ist die Bestattung eines Tieres, das von einem Kind geliebt wird, ein ungleich ernsthafterer Vorgang als das Spiel von Taufe und Hochzeit.

Bei Anna Schieber lasen wir einmal: Als sie klein war, ging ihre heißgeliebte Porzellanpuppe Helene zu Bruch. Ein paar Tage später starb im Nachbarhaus ein Kind. Als sie hinüberkam und die Familie in Trauer und in Tränen antraf, sagte sie: „Ich weiß gut, wie das ist, wenn einem ein Kind umkommt, von meiner Helene her." Die einen lachten, die anderen waren empört: Wie kann man eine Puppe mit einem Kind vergleichen? Aber die kleine Anna hatte völlig recht. Sie empfand nicht anders als eine erwachsene Mutter, und ihr Leid war so schwer, wie es für einen Menschen überhaupt sein kann.

ooooooooooooooooooooooooooooo

Lassen Sie sich die Freude nicht nehmen

Wir nehmen an, Sie, die dieses Buch in die Hand nehmen, sind Eltern jungen oder mittleren Alters und haben ein Kind oder zwei oder mehrere, und Sie machen sich Gedanken darüber, auf welche Weise zwischen Ihnen und Ihrem Kind Vertrauen entstehen und das gemeinsame Leben gelingen kann.

Vielleicht ist Ihnen nicht ganz so deutlich wie uns, deren Kinder inzwischen erwachsen sind, wie viel selbstverständlicher in früheren Zeiten alles war. Natürlich heiratete man. Natürlich wünschte man sich Kinder. Und natürlich war man eine Familie, in der gewisse Ordnungen zwischen Mann und Frau, zwischen Eltern und Kindern galten. Fürsorge und Gehorsam, das waren die Stichworte, nach denen alles geordnet war.

Inzwischen versteht sich nichts mehr von selbst, und jeder, der sich Kinder wünscht und mit ihnen leben will, muß sich seine eigenen Gedanken machen. Für viele liegt darin eine Befreiung. Für viele eine Last. Und viele werden die Angst nicht mehr los, ob sie nicht vielleicht etwas versäumen oder falsch machen. Es liegt alles an uns, denken viele junge Eltern. Wenn etwas schiefläuft, sind wir verantwortlich.

Wir leben ja in einer merkwürdig widersprüchlichen Welt. Kaum je verhielten sich die Menschen in unserem Land so kinderfeindlich. Und kaum je setzten sie sich so himmelhohe Ideale, wenn es um die Erziehung ging. Man hat sich noch nie so viel Mühe gegeben, liebevoll zu erziehen, freilassend, bergend, schützend. Man möchte das Erziehen lernen von denen, die es können – und macht die Erfahrung, daß der eine sagt: So ist es richtig, und der andere: Nein, so! Man liebt sein Kind und hört: Kinder sind vom Übel. Wer Kinder hat, ist selbst schuld. Dieselbe Frau, die sagt: Nur keine Kinder!, müht sich später ab, eine ideale Mutter zu sein. Ein Mann, der ein gebrochenes Verhältnis zu seinem eigenen Leben hat, der selbst als Kind unglücklich war, müht sich nun, alles auf vollkommene Weise gut zu machen. Und beide leiden an ihrer Unfähigkeit und an der Kritik der Umwelt. Kinderfeindlichkeit und Überforderung des Erziehenden wachsen auf derselben Wiese.

Wenn wir zurückblicken auf dreißig Jahre Umgang mit Kindern: Die pädagogischen Rezepte wechseln wie das

Wetter, und seit der Zeit, in der wir unsere eigenen Kinder bekamen, hätten wir unsere Erziehungsmethode, falls wir eine solche überhaupt hätten entwickeln wollen, mindestens dreimal völlig umstellen müssen. Es ist merkwürdig, wie kurz die Theorien leben und wie fanatisch, wie aggressiv sie während ihrer kurzen Geltung verfochten werden.

Ergebnis: Es gibt kein pädagogisches Rezept, das für alle Eltern, für alle Kinder und für alle Situationen gelten könnte. Von unseren vier Kindern war jedes anders. Was für das eine gut war, wäre für das andere falsch gewesen. Erziehung ist letzten Endes ein aufmerksames Achten auf das Eigene, das ein Kind mitbringt, und die liebevolle Antwort auf sein besonderes Wesen.

Und was das religiöse Thema betrifft: Es war, so will uns scheinen, noch nie so schwierig, von den eigenen religiösen Erfahrungen zu reden. Kaum, daß das Wort „Gott" gewagt wird. Und das, obwohl niemand sagen kann, das religiöse Bedürfnis unter den Menschen oder die religiöse Erfahrung sei heute geringer geworden. Im Gegenteil: Das Eigentümliche ist der Widerspruch zwischen einem intensiven religiösen Empfinden und einer Art von religiöser Stummheit oder Sprachunfähigkeit. Viele empfinden Hemmungen, mit Kindern über religiöse Dinge zu reden, und noch stärkere Hindernisse, wenn sie mit dem Ehepartner darüber sprechen sollen. Und wenn wir in diesem Buch Gebete anbieten, auch gereimte und fertige, dann sind sie eigentlich nur eine Hilfe zum eigenen Reden, so daß die Eltern dem Kind zuliebe es wagen, auszusprechen, was sie empfinden und wofür sie meinen, nicht die Worte zu haben.

Ein eigenes Kind zu empfangen ist sicher die intensivste religiöse Erfahrung, die ein junger Mensch überhaupt machen kann, und sie geht mit Erschütterungen einher, die er nicht verdrängen sollte. Daß zwei junge Menschen einander lieben, das mag ohne religiöse Empfindungen bleiben. Das ist allgemein menschlich und verständlich. Ein Kind dagegen ist ein Einbruch von anderswoher, und nur, wer überhaupt nicht nachdenkt, wird sagen können: Das haben wir selbst gemacht. Die Bereitschaft auch, die mit dieser Erfahrung verbunden ist, nämlich Mühe und Entbehrung auf sich zu nehmen, sich selbst nicht zu achten um des Kindes willen, reicht, wenn wir nach ihrem Grund fragen, in eine religiöse Dimension.

Wir sprechen davon, ein Kind sei ein Segen. Das bedeutet: ein Kind verhelfe uns selbst zu einem erfüllteren Leben. Ein Vater, der ein eigenes Kind zum erstenmal auf dem Arm hat, empfindet etwas wie Stolz, wie gesteigertes Lebensgefühl, Staunen auch. Vielleicht gerät er gar „außer sich", das heißt, er sieht sich selbst von außen, er sieht sich neu, und er sieht sich beschenkt.

Vielleicht drängt es ihn zum erstenmal zu danken, wirklich auf den Knien zu danken für ein unerhörtes Geschenk.

Und alles kommt darauf an, daß er diesen Dank nicht verdrängt, daß er sich nicht merkwürdig vorkommt und sein Empfinden so schnell wie möglich vergißt.

Wenn wir einen Rat geben dürfen: Lassen Sie keine Angst aufkommen. Fassen Sie den Mut, dieses Kind anzunehmen und es zu führen. Machen Sie die starken und großen Erfahrungen der ersten Tage fruchtbar. Und scheuen Sie sich nicht, auch einmal etwas Ungewohntes auszusprechen. Vielleicht wird auch dann und wann ein Gebet daraus. Ein eigenes. Die vorformulierten Gebete dieses Buches sollen dazu nur eine Hilfe sein.

Das ist auch deshalb wichtig, weil man mit einem Kind, das man auf dem Arm hält, die Rückfrage an sich selbst stellen wird: Kann ich das überhaupt, diese Verantwortung tragen? Bin ich dem gewachsen? Dann muß ein Dritter im Spiel sein: der, von dem das Kind kommt, von dem die Eltern ihren Auftrag haben und der, vor allem, den Eltern kein fehlerfreies Funktionieren abverlangt, sondern eben das, was ihren Kräften entspricht: Gott. Sonst führt der Umgang mit dem Kind und die neue Rolle als Vater oder Mutter leicht in die Selbsttäuschung über die eigenen Fähigkeiten oder in die Resignation oder in den Widerstand gegen das Kind, das so übergroße Ansprüche stellt.

Für junge Eltern kommt viel darauf an, nun ein neues Vertrauen in die Schöpfung zu gewinnen. Ein neues Vertrauen, daß vieles, das meiste, und immer das Entscheidende „von allein" entsteht und wächst und gelingt, daß die Kräfte, die im Kind und in den Eltern sind, das Wichtigste schon selbst bewirken. Auch vor der Geburt geschah fast alles von selbst. Auch vor der Geburt kam alles darauf an, das Geschehen nicht zu stören. Dieses Vertrauen aber wird gerade auch in kritischen Situationen die Eltern mit ihren Kindern und auch die Eltern unter sich zusammenhalten.

Mit diesem Vertrauen nehmen wir nun das Kind an. Denn es geht in der Tat darum, etwas, das von anderswoher kommt, anzunehmen. So, wie es ist. So, wie es kommt. So, wie es sich dann, als gäbe es nichts Selbstverständlicheres, in dieser Welt und in unserer kleinen Gemeinschaft breitmacht. Ein Kind kommt ja fertig in die Welt, nicht als Rohmaterial und nicht als Entwurf, sondern als fertiger Mensch. Wir können es nicht verändern, sondern nur bewahren und fördern. Wir können sein Schicksal nicht bestimmen, seinen Weg nicht festlegen, das Wesen nicht korrigieren. Wir können nur unsere Zeit und Kraft hingeben und mit unserer Hingabe dem Kind das Leben ermöglichen.

Und noch eins: Viele junge Mütter lassen sich ein schlechtes Gewissen machen, wenn sie sich nun über Jahre hin um nichts als um ihr Kind und ihr Zuhause, den Mann und die Familie kümmern. Es mag ja sein, daß später eine Zeit kommt, in der eine Mutter ihren Radius wieder erweitern kann und muß, aber wenn sie das Gefühl hat, nun gehöre sie ganz und gar diesem Kind oder diesen Kindern und ihrem Mann, dann soll sie sich dieses Gefühl von niemandem ausreden lassen. Und zwar auch deshalb nicht, weil eine Ehe ohne ein schlechtes Gewissen dieser Art besser gelingt.

Und wenn Ihnen angst und bange wird, ob alles gut gehen kann, ob Sie Ihre Kräfte nicht überschätzt haben mit der Erziehung von Kindern, ob Sie nicht am Ende auf alle Fälle irgendwo scheitern werden, dann denken Sie daran: Ihr Kind kommt aus einer Liebesgeschichte. Und zwar der zwischen Gott und ihm. Und Sie selbst ebenso. Auch das Ende Ihrer Bemühungen wird bei allem Scheitern und Versagen kein anderes sein als die Erfüllung einer Liebe.

Das Kindergebet in der Familie

Wir sagten schon: Es war noch nie so schwierig, sich in religiösen Dingen auszusprechen, wie heute. Nicht, weil der Glaube selbst schwieriger geworden wäre – der Glaube war auch früher nichts Einfaches –, sondern deshalb, weil wir heute mehr von uns verlangen. Unsere Großeltern begnügten sich mit gelernten Versen. Wir verlangen von uns eigene Worte, die unserer besonderen und eigenen Überzeugung Ausdruck geben. Aber wie können wir dann sprechen?

Vielleicht fällt Ihnen auf, wenn Sie dieses Bändchen durchblättern, daß es viele der bekannten Kinderverse nicht enthält, vor allem die nicht, in denen von den „frommen Kindlein" und den „süßen Englein" die Rede ist. Das hat einige gute Gründe:

Wenn wir mit Kindern beten, sprechen wir Worte, die sich wie so vieles, was sie hören und nachsprechen, in ihr Herz und Gedächtnis fast unauslöschlich einprägen. Sie sind in der Erinnerung des erwachsenen Menschen mehr oder weniger bewußt noch da und reden und deuten weiter. Wir sollten mit Kindern also Gebete lernen, mit denen der fünfzehnjährige Junge und die vierzigjährige Frau noch etwas anfangen können und mit denen sie sich nicht kindisch vorkommen müssen, wenn sie sie noch einmal zu sprechen versuchen. Kinder werden mit den Worten, die sie lernen, erwachsen. Verse, mit denen sie nicht erwachsen werden können, weil sie kindisch und für den Vierzigjährigen nicht mehr wahr sind, sind darum auch für das Kind nicht geeignet.

Ein Kind braucht nicht nur das „Kindgemäße". Es braucht ganz ebenso Gedanken von Erwachsenen, und das heißt: Worte, in die es erst durch langes Hören allmählich eindringt. Wenn die Eltern ein Gebet sprechen, das dem Kind „zu hoch" ist, weil es dem Anspruch von Erwachsenen entspricht, öffnet sich ihm eine große und fremde Welt, in die hineinzuwachsen ja eben seine Aufgabe und seine Chance ist.

Noch eins: Eine Mutter und ihr Kind beten gemeinsam. Was die Mutter ihrem Kind vorsagt, betet sie selbst mit. Es hilft ihr selbst und dem Kind auf die Dauer nichts, wenn sie nicht betet, sondern nur vorspricht. Sie bringt ja ihren eigenen Glauben mit, und das Kind soll in ihren Glauben hineinwachsen. Wir sollten also Kindern nur Verse vorsagen, die nach unserem eigenen Glauben wahr sind und in denen das Evangelium ist, von dem wir selbst leben.

Ein Drittes: Die Kinder einer Familie sind verschieden groß. Eins ist vier Jahre, eins sechs und eins zehn Jahre alt. Wenn die Mutter mit allen zusammen betet, dann dürfen die Gebete nicht allein für das Vierjährige bestimmt sein, während der Zehnjährige sich verächtlich abwendet oder um des Kleinen willen aus Taktgefühl mitspricht, während er meint, selbst über Märchen und Kindergebete hinaus zu sein. In einem guten Kindergebet sind Gedanken, die das Vierjährige auf seine Weise versteht und die den Zehnjährigen doch immer noch einmal einen Schritt weiterführen. „So legt euch denn, ihr Brüder, in Gottes Namen nieder" – diesen Vers betet das Vierjährige mit, und derselbe Vers ist für den Siebzigjährigen immer noch gültig.

Ein Viertes: Es ist gut, wenn wir vor Gott – und auch vor den Menschen – im Gebet nicht zu viel sagen. Wer etwa sagt: „Ich bin klein, mein Herz mach (oder gar ist) rein, laß niemand drin wohnen als Jesus allein", sagt zu viel. So fromm ist kein Einsiedler in der Wüste, daß in seinem Herzen niemand mehr wohnt als Jesus allein.

Im Herzen eines Kindes sollen Eltern und Geschwister wohnen und Platz haben, Tiere und Blumen, Bilderbücher, Puppen, Spielbären und unzählige andere – und mit all dem, was in seinem Herzen ist, soll es an der Hand Gottes gehen und ihm gehören. Man sollte solche Gebete vermeiden, auch etwa die, die etwas sagen, das mit dem Evangelium nicht zu vereinbaren ist. „Lieber Gott, mach mich fromm, daß ich in den Himmel komm", ist ein solches Gebet. Denn wir kommen nicht in den Himmel, weil wir fromm sind, sondern weil Christus uns die Tür auftut. Das kann schon ein Kind verstehen, und das kann schon für ein Kind, das sieht und merkt, wie wenig fromm es ist, ein tiefer Trost sein.

Und noch eins: Eltern sollten auswendig lernen. Wer am Tisch sitzt, an tausend Dinge denkt und nun plötzlich ein Tischgebet sprechen soll, braucht einen Vers, den er auswendig kann. Wer sich ans Bettchen setzt und erst da überlegt, was er beten oder singen will, kommt in Schwierigkeiten. Mütter und Väter sollten auswendig lernen. Das kann man beim Stricken oder Bügeln tun, aber auch in der Straßenbahn und im Wartezimmer; denn man wendet auf die Dauer nur an, was man auch sagen kann, wenn kein Buch zur Hand ist.

Ich segne dich, mein Kind

*

Gebete für die Eltern

Wenn die Kinder auf der Straße sind:

Lieber Vater,
sie sind draußen,
und ich kann sie nicht behüten.

Je größer sie werden,
um so weniger kann ich sie begleiten.
Sie gehen ihre eigenen Wege,
und mir bleibt nichts
als sie dir anzuvertrauen.

Gib ihnen gute Kameraden und Freunde
und Erwachsene,
die sorgsam mit ihnen umgehen.

Behüte sie im Verkehr,
daß sie nicht in Gefahr geraten
und niemanden in Gefahr bringen.
Bewahre sie,
daß sie nichts Unrechtes tun,
wenn sie unter sich sind.

Gib vor allem das eine,
daß sie gerne wieder heimkommen.
Gib mir, daß es mir gelingt,
ihnen dieses Haus
und unsren Kreis liebzumachen
und ihnen beides recht lange
zu erhalten.
Gib ihnen, daß sie nicht mit Angst
an ihre Eltern denken,
auch dann nicht,
wenn sie Unrechtes getan haben.
Erhalte ihnen das Vertrauen,
daß dieses Haus
immer für sie offen ist
trotz all ihrer Dummheiten.

Und gib uns allen, daß unser Haus
ihnen zeigt,

was es heißt, zu Hause zu sein:
bei dir daheim,
im Haus und am Tisch
deines ewigen Reiches.
Amen.

*

Wenn eins krank ist:

Ich bitte dich,
Vater im Himmel, verlaß uns nicht.
Laß mein Kind nicht allein
mit seiner Krankheit.
Hilf, daß es sie übersteht,
und gib ihm seine Gesundheit wieder.

Ich weiß,
daß Krankheiten ihren Sinn haben.
Ich weiß, daß mein Kind
in seiner Krankheit weiterwächst
an seiner Seele,
mehr, als wenn es gesund wäre.
Ich weiß, daß der Kampf
und das Fieber und die Mattigkeit
es weiterbringen,
wenn du Segen gibst.

Hilf mir, daß auch ich diese Zeit
nicht nur als Last empfinde.
Hilf mir, an diesem Bettchen
mein Kind noch reiner zu lieben,
noch tiefer zu verstehen,
es mit noch mehr Vertrauen
dir zu überlassen.

Gib mir die Kraft,
die Nächte durchzuhalten
und die Tage,
und laß nicht die anderen entgelten,
daß ich am Ende bin.

Du bist mit allen,
die im dunklen Tal gehen,
mit allen, denen angst ist,
mit allen, die keine Kraft haben.
Hilf mir, dich besser zu verstehen
in dieser Zeit,
dir näher zu sein
und dir gehorsam zu werden.

Hilf, daß diese Zeit der Angst
dich und mich,
dich und uns alle
nicht voneinander trennt,
sondern zusammenführt.
Du bist bei uns.
Ich danke dir. Amen.

Wenn es schwierig wird:

Vater im Himmel,
ich habe es von dir,
dieses Kind.
Du hast es mir anvertraut.
Du willst, daß ich es leite
und erziehe und ihm helfe,
erwachsen zu werden.

Ich bitte dich, hilf mir.
Ich bitte dich um Geduld,
um viel Geduld.

Ich will, daß es besser ist als ich.
Und ich weiß, daß es unrecht ist,
das zu verlangen.
Ich will, daß es reiner ist als ich,
lauterer und liebevoller.
Und darüber werde ich unbarmherzig.

Ich will, daß es Maßstäbe hat,
nach denen es handelt.

Und ich habe doch selbst kein Maß.
Ich weiß längst nicht mehr,
was ich erlauben oder verbieten soll.
Jeder sagt etwas anderes.

Zeige mir deinen Willen.
Gib mir die Freiheit,
meine Grundsätze
und meine Gewohnheiten wegzulegen
und heute, nur für heute,
zu verstehen, was du willst.

Hilf mir loszulassen
und nicht zu meinen,
es müsse alles durch mich geschehen.

Gib mir ein gutes Wort,
wenn es heimkommt,
und bewahre mir das Vertrauen
zu deinem Kind
und meinem Kind, das Vertrauen
in dich und mich. Amen.

Für eine Mutter, die mit ihrem Kind
allein lebt:

Herr, ich weiß nicht,
wie ich das alles bewältigen soll.
Es ist zu viel und zu schwer.
Ich soll Vater und Mutter
zugleich sein,
ich soll meinem Beruf nachkommen
und mein Kind versorgen.
Ich soll strafen und spielen,
streng und freundlich sein.
Ich kann nie sein,
wie ich eigentlich bin,
und habe keinen, mit dem ich
diese Aufgabe teilen könnte.

Wenn ich heimkomme,
bin ich überreizt und müde
und möchte doch die Sorgen und Nöte
meines Kindes auffangen.
Und wenn ich bekümmert
oder bitter bin,
braucht mein Kind
eine fröhliche Mutter.
Ich weiß,
daß ich es nicht an mich binden darf,
und möchte doch,
daß es sich ganz bei mir zu Haus fühlt
und nicht die Kinder beneiden muß,
die einen Vater haben.
Ich möchte, daß es alles versteht,
und fürchte mich doch
vor dem Augenblick, in dem es fragt,
warum wir keinen Vater haben.

Ich brauche das richtige Wort,
ich brauche es von dir.
Vater im Himmel,
ich nehme alles aus deiner Hand:
mein Schicksal, meine Aufgabe
und meine Mühsal.
Gib du mir dazu
die Liebe und die Kraft.
Ich bitte dich. Amen.

Es gibt auch Väter, die mit ihren Kindern allein leben, aus welchen Gründen immer. Es werden wohl ähnliche Erfahrungen sein, mit denen sie sich mühen, wie die einer alleinstehenden Mutter es sind. Vielleicht wird ein solcher Vater das vorige Gebet nur ein wenig auf seine Situation hin neu fassen, daß es sein Gebet werden kann.

Und hier noch einige Worte
zum Bedenken:

Gott, ich rufe zu dir.
In mir ist es finster,
aber bei dir ist das Licht;
ich bin einsam,
aber du verläßt mich nicht;
ich bin kleinmütig,
aber bei dir ist die Hilfe;
ich bin unruhig,
aber bei dir ist der Friede;
in mir ist Bitterkeit,
aber bei dir ist die Geduld;
ich verstehe deine Wege nicht,
aber du weißt den Weg für mich.

*

Gib mir die Gelassenheit,
Dinge hinzunehmen,
die ich nicht ändern kann.
Gib mir den Mut,
Dinge zu ändern, die ich ändern kann,
und die Weisheit,
das eine von dem anderen
zu unterscheiden.

*

Herr, wie du willst, soll mir geschehn,
und wie du willst, so will ich gehn;
hilf deinen Willen nur verstehn!

Herr, wann du willst, dann ist es Zeit;
und wann du willst, bin ich bereit,
heut und in alle Ewigkeit.

Herr, was du willst, das nehm ich hin,
und was du willst, ist mir Gewinn;
genug, daß ich dein Eigen bin.

Herr, weil du's willst, drum ist es gut;
und weil du's willst, drum hab ich Mut.
Mein Herz in deinen Händen ruht.

✳

Herr, höre mein Gebet.
Vernimm, was ich rufe.

Zähle nicht die Fehler,
die ich gemacht habe.
Denn vor dir ist niemand,
wie er sein soll,
unter allen Menschen.

Ich strecke die Hände nach dir aus.
Ich sehne mich nach deiner Güte
wie ein vertrocknendes Land.

Zeige mir den Weg,
auf dem ich weiterkomme,
den Weg zu dir.
Zeige mir, was ich tun soll.
Dein Heiliger Geist
führe mich zur Erkenntnis.

Laß mich nicht versinken
in Angst und Verzweiflung
und führe mich aus all dieser Not
zu dir.

Denn mein Trost ist,
daß ich dir gehöre
mit allen, die ich liebe
und für die ich leben will.
Jetzt und zu aller Zeit
und in Ewigkeit. Amen.

Nach Psalm 143

Und noch das schöne Gebet des
heiligen Franziskus von Assisi:

O Herr,
mache mich zu einem Werkzeug
deines Friedens.

Daß ich Liebe bringe,
wo man sich haßt.
Daß ich verzeihe,
wo man sich beleidigt.
Daß ich verbinde, wo Streit ist.
Daß ich die Wahrheit sage,
wo der Irrtum herrscht.
Daß ich Glauben bringe,
wo der Zweifel drückt.
Daß ich Hoffnung wecke,
wo Verzweiflung quält.
Daß ich dein Licht anzünde,
wo die Finsternis regiert.
Daß ich Freude mache,
wo der Kummer wohnt.

Ach Herr,
wecke in mir den Wunsch:
nicht, daß ich getröstet werde,
sondern daß ich tröste;
nicht, daß ich verstanden werde,
sondern daß ich verstehe;
nicht, daß ich geliebt werde,
sondern daß ich liebe.

Du machst den reich,
der sich hingibt.
Dich findet, wer sich selbst vergißt.
Du verzeihst dem, der verzeiht,
und den Sterbenden
erweckst du zum ewigen Leben.

Was heißt segnen?

Wir sagen: Gesegnete Mahlzeit! Was meinen wir damit? Wir sagen: Dieser Mann ist ein Segen für seine Firma! Oder: Diese Erfindung ist ein Segen für die Kranken. Was meinen wir mit dem Wort „Segen"?

Wir sagen: „Es regnet, Gott segnet, die Dächer sind naß." Gemeint ist: Gott sendet den Regen, und durch den Regen gedeiht etwas, wächst etwas. Segen meint die Kraft, die Leben hervorbringt und Fruchbarkeit; Segen steht letzten Endes für den Sinn überhaupt. Ein Leben ist gesegnet, wenn für andere Menschen etwas entstanden ist, das eine Hilfe war, eine Rettung, eine Erfüllung.

Wo Gott segnet, da kann etwas gut werden, da kann etwas gedeihen, da kann etwas Sinn haben, da kann etwas weitergehen auf einem guten Weg. Ein gesegneter Mensch ist einer, der anderen hilft zu leben. Ich will dich segnen, sagt Gott zu Abraham, und du sollst ein Segen sein. Das heißt: Du wirst ein großes, ein weit gespanntes Leben führen und wirst Hilfe, Hoffnung, Glauben, Erkenntnis, Einsicht weitergeben an die Menschen um dich her und die Menschen nach dir.

Wenn wir ein Kind nach seiner Taufe segnen, dann erbitten wir ihm die Gnade, ein erfülltes Leben zu finden und anderen zu einem erfüllten Leben zu helfen.

Wenn wir ein Brautpaar segnen, dann erbitten wir ihm nicht nur Gedeihen seiner Liebe und seines gemeinsamen Lebens und nicht nur Fruchtbarkeit im Sinne leiblicher Elternschaft, sondern etwa auch dies, daß von seiner Liebe Hilfe und Trost und Führung zu anderen Menschen weitergehen. Daß also nicht nur das Leben in dieser Welt gelingen möge, sondern auch etwas Bleibendes entstehe für die Ewigkeit. Daß unter Sonne und Regen, unter Schnee und Hagel, Wind und Sturm, Dürre und Flut Frucht reifen möge für das Menschenleben hier auf dieser Erde und für die Ernte, die nach dem Ende unserer Arbeit auf dieser Erde stattfinden wird.

So hängen immer wieder in alten Segensworten zwei Wünsche zusammen: der Wunsch, der andere möge bewahrt, und der Wunsch, er möge gesegnet sein. Und das sprechen wir einander zu, wenn wir ein Segenswort sprechen, nach Tisch oder vor einer Reise oder bei einem Abschied.

Es segne und behüte uns
Gott, der Allmächtige und Barmherzige,
Vater, Sohn und Heiliger Geist.
Amen.

✳

Unsern Ausgang segne Gott,
unsern Eingang gleichermaßen;
segne unser täglich Brot,
segne unser Tun und Lassen.
Segne uns mit selgem Sterben
und mach uns zu Himmelserben.

✳

Die Schritte

Klein ist, mein Kind, dein erster Schritt,
klein wird dein letzter sein.
Den ersten gehn Vater und Mutter mit,
den letzten gehst du allein.

Sei's um ein Jahr, dann gehst du, Kind,
viel Schritte unbewacht,
wer weiß, was das dann für Schritte sind
im Licht und in der Nacht?

Geh kühnen Schritt, tu tapfren Tritt,
groß ist die Welt und dein.
Wir werden, mein Kind,
nach dem letzten Schritt
wieder beisammen sein.

✱

Wir möchten als Abschluß noch
eine alte Segensformel anfügen, den alten „Aaron-Segen", wie er häufig am
Ende von Gottesdiensten gesprochen
wird. Die knappe Formel verrät aber
uns heutigen Menschen, die mit der alten Sprache nicht mehr vertraut sind, nur
wenig von dem Reichtum an Wünschen
und Segnungen, die er enthält. Wir haben ihn deshalb noch ein zweites Mal
wiedergegeben, so, daß jede Zeile eine
kurze Deutung enthält. Er eignet sich
etwa als Abschluß eines gemeinsamen
Fests oder auch als Abschluß eines
Abendgebets.

Der Herr segne dich und behüte dich.
Der Herr lasse sein Angesicht
leuchten über dir
und sei dir gnädig.
Der Herr erhebe sein Angesicht auf dich
und gebe dir Frieden. Amen.

✱

Der Herr,
aus dessen Hand du kommst,
der dein Vater ist,

segne dich,
er lasse dich gedeihen
und wachsen an Leib und Seele.

Er behüte dich
vor Angst und Gefahr
und allem Argen.

Er lasse sein Angesicht
leuchten über dir
wie die Sonne über der Erde

und sei dir gnädig,
vergebe dir deine Schuld
und mache dich frei.

Der Herr erhebe sein Angesicht
auf dich,
er schaue in Liebe auf dich
und tröste dich.

Er gebe dir Frieden;
das Wohl des Leibes
und das Heil der Seele.

So will es der Herr.
So gilt es in Zeit und Ewigkeit.
So gilt es für dich. Amen.

Verzeichnis der Anfänge der Gebete, Lieder und Verse mit Quellenangaben

Vorbemerkung: Trotz intensiven Nachforschens war es nicht in allen Fällen möglich, die genaue Quelle ausfindig zu machen. Die nachfolgenden Quellenangaben sind also nicht lückenlos. Den Autoren und Verlagen sei für die freundlicherweise erteilte Abdruckerlaubnis an dieser Stelle gedankt. Die Aküzung EKG bedeutet: Evangelisches Kirchengesangbuch.

127

Heidi und Jörg Zink

Gebete für Kinder

Mit Bildern von Hans Deininger

80 Seiten mit 20 farbigen Bildern und über 15 Schwarzweiß-Illustrationen, gebunden, Format 11 x 15 cm

Gebete für Kinder zum Morgen, zu Tisch und am Abend, zu den christlichen Festen und zu den Jahreszeiten, Psalmenübertragungen in eine für Kinder verständliche Sprache und große Themen des Glaubens – das ist der Inhalt dieses neuen Gebetbüchleins für Kinder aller Konfessionen.

Heidi und Jörg Zink führen mit ihrer Auswahl alter, aber auch neuer, frei formulierter Gebete zum lebendigen, der Erfahrungswelt des Kindes entsprechenden Beten.

Die Gebete sind nach drei Gruppen geordnet:

Ein Gang durch den Tag   für den Morgen, zu Tisch und zum Abend

Ein Gang durch das Jahr   mit Gebeten zur Advents- und Weihnachtszeit, Ostern, Frühling, Sommer und Erntedank.

Ein Gang durch die Welt   das sind Psalmenübertragungen in eine für Kinder verständliche Sprache über Gott und die Schöpfung, Gebete für den Frieden und Segensworte.

Die »Gebete für Kinder« sind als Ergänzung gedacht zu dem vorliegenden Buch, das sich an die ganze Familie wendet. Die »Gebete für Kinder« sollen Kindern selbst in die Hand gegeben werden. Eine gut lesbare Schrift und zahlreiche Illustrationen von Hans Deininger machen den Band zu einem echten Kinderbuch für Familie, Kindergarten, Schule und Gottesdienst.

Jörg Zink

Der Morgen weiß mehr als der Abend

Bibel für Kinder
Mit Bildern von Hans Deininger

184 Seiten, über 50 farbige Bilder, gebunden

»Zink hat in dem Bemühen, die biblischen Geschichten in einen großen Zusammenhang zu stellen und diesen Zusammenhang Kindern verständlich zu machen, eine Rahmengeschichte eingeführt und Umstellungen in der Reihenfolge biblischer Erzählungen vorgenommen. Auch sind eine Reihe von sonst in Kinderbibeln üblichen Geschichten weggelassen. Erreicht hat Zink mit dieser Form einen gut lesbaren, den Zusammenhang der Ereignisse und Erzählungen deutlich machenden Text, der Kindern die wesentlichen Aussagen der Bibel verständlich machen und einen Einstieg zum Weiterlesen öffnen kann.«

Anhaltspunkte

»Texte des Alten und Neuen Testaments sind so zusammengestellt, daß sie wirklich eine frohe Botschaft sein können. Die kindgemäße Sprache, dazu die erläuternden Geschichten und das Nachdenken der Eselin Suleika mit ihrem Eselskind Laila machen das Buch zu einem liebenswerten Geschenk für die ganze Familie.«

ferment

Bitte fordern Sie unseren Jörg-Zink-Gesamtprospekt an!

Kreuz Verlag,
Postfach 80 06 69, 7000 Stuttgart 80